教科指導法シリーズ

小学校指導法

総合学習

小林 亮
編著

玉川大学出版部

まえがき

　総合的な学習の時間（以下，総合学習という）は，児童生徒が教科横断的で自発的な課題学習をすることを目的に設けられた時間であり，学校教育における新たな学びの可能性を追求する試みである。文部科学省によって2000年（平成12年）から段階的に学校教育に導入された。総合学習が導入された背景には，現代社会の大きな構造変化と新たな問題状況の現出がある。とりわけグローバル化，情報化，そして価値の多様化が現代社会のあらゆる領域に甚大な影響を与えている。見逃せないのは，こうした社会変動に対応して，学校教育に求められる学びのあり方が変化してきたことである。

　現代社会の変容は，固定化された知識や答えだけで現実問題に対応することを不可能にしてしまった。そこでは学習者が自ら学び，考え，答えを見出していく，「全人的」な学びとそれを通じた生きる力の育成が緊要の教育課題となった。総合的な学習の時間は，激しい社会変動の中でこうした全人的な生きる力を児童生徒に効果的に育成してゆこうとする試みである。本書は，そうした現代社会の現状を，ある意味で学校教育の危機ととらえ，しかしその危機を逆手に取って，学際的で問題発見的なモデルの下に，児童生徒の課題発見能力と問題解決能力を育てていく新しいアプローチを提示しようとする試案であるともいえる。

　本書では，新しい時代に求められる総合学習の指導の可能性を，さまざまな角度から検討している。筆者小林が担当した第1章ではグローバル時代に求められる「探究的な学び」とそれを可能にする人間力の育成について考察した。樋口雅夫氏が執筆した第2章では新しい学習指導要領をふまえた探究的な学習としての総合学習のビジョンを提示し，同じく樋口氏による第3章では「主体的・対話的で深い学び」につながる教材研究のできる今日的な教師像を検討している。続く第4章では寺本潔氏が石垣島での実践に基づき，観光教育の視点からアクティブ・ラーニングを活用した総合学習の新たな授業アプローチを紹介しており，同じく寺本氏による第5章では国連のイニシアティブESD（Education for Sustainable Development ＝持続可能な開発のための教育）の視点から，持続可能な社会づくりに向けた人材育成のための学習モデルが提示されている。大谷千恵氏の担当による第6章では国際教育の観点から，日本語指

導を含め多文化共生のために学校が実践できる具体的な方法とリソースを紹介している。小正和彦氏が執筆した第7章では横浜市のユネスコスクール（小学校）の総合学習におけるSDGs（Sustainable Development Goals＝持続可能な開発目標）達成に向けたESD学習の事例と成果が提示されている。小林が担当した最後の第8章では，これら諸章の議論を踏まえ，人間像のパラダイム転換に対応した創造的で全人的な学びとしての総合学習の将来ビジョンを展望した。

　本書はそれぞれの領域における第一線の専門家が最新の知見を動員して書き上げたガイドブックであり，これまでの類書とは一線を画する内容になっていると自負している。しかし本書が学校教育の現場において総合学習が直面している指導上の諸課題にどの程度対応しているかは，読者の判断に委ねるしかない。私たち著者一同が心から希望するのは，本書を読んだ方が，各章に記述されたさまざまな論点や事例を，「答え」としてよりもむしろ「問い」として受けとめ，そこから総合学習に関する自分なりのビジョンを創り上げていって頂きたいということである。総合学習の大きな教育目標は，複雑怪奇な現代社会における「答え」のない問題に対して，自ら「問い」を発見し，その問への「解」を創出していく探究力を育むことである。そうであるなら，まずは指導者自身がモデルとして，総合学習というユニークな学びの指導法について，自ら「問い」を発見し「解」を創出していく姿勢を身につけ，児童生徒に示していくことが求められているに違いない。現代社会が直面するそうした諸問題の解決へのビジョンを読者諸氏が創造していく上で，本書が一助になれば幸いである。

小林　亮

SDGsの17の目標
外務省・日本ユニセフ協会作成：中学生向けの副教材「私たちがつくる持続可能な世界—SDGsをナビにして—」p. 1，2018年より引用

目次

まえがき

I　総合学習の概念と目的

第 1 章

これからの時代に求められる人材の育成に向けて
—グローバル市民の育成と多様性の尊重—

　本章では，グローバル化と価値多元化に特徴づけられる現代社会において，あらかじめ定まった答えがない不確実な状況でどのように問題を発見し，課題解決に導く最良解を創出していけるかを問う「探究的な学び」の場として総合的な学習の時間の現代的意義を分析する。現代社会の特質に対応した人間力を全人的に育成していく方法論を検討する。また国連SDGsを中心に，国際社会の文脈における総合学習のあり方を提言する。

キーワード　グローバル化　価値多元化　生涯発達　不確実性の時代　SDGs（持続可能な開発目標）

第1節　はじめに

　本書は現代の新たな時代状況とそこで起きている大きな価値の転換を踏まえ，現代という時代に求められている人間像を追求する新たな総合学習のビジョンとそれに対応した指導法のアプローチを提示しようとするものである。

　人類史の大きな流れの中で現代社会は明らかに大きな転換点に立っている。一方で通信技術や交通手段，科学研究や経済活動のボーダーレス化に伴い社会のあらゆる領域でのグローバル化が急速に進捗している。とくに世界の主要な証券取引所の株価がほぼ同時に連動して上下することに端的に示されているように，また私たちが毎日例外なく外国産の食品を食べて生活していることからもわかるように，世界は経済で密接につながっており，それはすでに世界全体が一つの経済単位になっているという現実を指し示している。他方，近代に入って確立した国民国家モデルは，世界全体のこのグローバル化の動きとさまざま

な摩擦や軋轢を生んでいる。その結果として，現在世界各地で国家主義的な内向きの動きが強まり，国家間，民族間の対立や葛藤が激化する傾向が顕著である。また価値観や生き方の多様化が広がり，寿命の延長に伴って継続学習や成人教育の可能性が広がる一方で，格差社会の現状はいっそう深刻の度を増し，中高生の引きこもりや，ひとり親家庭や孤独老人の増大など社会の絆の衰退・崩壊を示す現象も多く起きている。

　一方で日本社会の多文化化は着実に進行しており，2019年時点で日本での在留外国人数は約300万人，人口全体の約2.3％を占めるまでになっている。政府の積極的な外国人受け入れ政策もあって，2020年現在新型コロナウィルス感染問題で一時的に落ち込んでいるとはいえ，今後，日本社会全体としても，また学校教育の現場においても外国籍や外国とつながる人の数は一層増えてゆくと予想される。しかし地域社会や教育現場の多文化化にともなって，生活習慣や価値観，宗教の違い等に端を発するトラブルや葛藤も増えていくことは確実である。日本の学校教育全体として，こうした多文化化に対応するための共生のモデルがきちんと構築されているかどうかについては，まだまだ課題が多いと言わざるを得ない状況である。

　これまでに前例のなかったような多様化，ボーダーレス化に代表されるこうした時代状況の中で，近代の国民国家を前提とした学校教育のあり方にも大きな疑問が投げかけられている。現在日本国内だけで16万人を超える不登校児童生徒がいるという事実ひとつを取ってみても（文部科学省統計），近代社会に成立した学校教育のモデルが今や多くの児童生徒のニーズに必ずしも合致しなくなってきていることはもはや否定できない。

　このような時代の変わり目にあって，はたして教育にはどのような人間像の形成，そしてどのような人間力（コンピテンス）の形成が求められているのだろうか。そもそも教科教育の枠を超え，教科横断的で全人的な学習のあり方が複雑化，多層化する現代社会の教育には求められているという認識のもとに2002年に新たな学びのモデルとして学校カリキュラムに全面的に導入されたのが「総合的な学習の時間」であった。その意味で総合的な学習の時間こそ，時代の変化に最も鋭敏に対応し，新たな時代状況にふさわしい人間力を育成する場として最も適合している。つまり総合学習は時代の最先端をゆく学びのフォーラムであることが期待されていると言える。そうだとすれば，有効な「総合学習の指導法」を開発していくには，そもそも現代社会に起きているパ

ラダイム転換とは何なのか，そこで求められている新たな人間像そしてそれを
実現するためのコンピテンスとは何なのかを明らかにしておかなければならな
い。本書ではそのキーワードをグローバル化と多様化，そして生涯発達にもと
め，とくに新たな時代の危機状況において私たち人類全員に求められている課
題として国際連合が提唱している「持続可能な開発目標」（SDGs: Sustainable
Development Goals＝エス・ディー・ジーズ）を念頭に置きながら，分断と対立，
不確実性そして格差が拡がる現代社会において平和で持続可能な社会を構築し
ていける人間力の形成をめざす新たな総合学習のあり方を模索し，提唱しよう
と試みている。新学習指導要領で強調されている「主体的・対話的で深い学び」
が具体的な問題状況においてどのような認知，行動，態度，価値観の育成と結
びつくのかを検討しながら，危機の時代を乗り越えるたくましい人間力の形成
に結びつくような具体性のある指導法を提示したいと考える。

第2節　総合学習導入の経緯と現代的意義

　そもそも総合的な学習の時間は，その導入の経緯からして，グローバル化と
情報化に代表される現代の急激な社会情勢の変化と，それに対応する形で求め
られるようになった新しい能力観・学力観が背景にあることは明らかである。
文部科学省は2000年（平成12年）から小学校・中学校・高校の学校教育への
総合的な学習の時間の導入を始めたが，そこには政府の考える新能力観，学力
観が濃厚に反映されている。
　「学習指導要領」（小学校，中学校）の「総合的な学習の時間」の冒頭にある
「目標」の第一項には，「探究的な学習の過程において，課題の解決に必要な知
識及び技能を身に付け，課題に関わる概念を形成し，探究的な学習のよさを理
解するようにする」と書かれている（文部科学省，2018）。これに続いて各学
校種における目標や内容の定め方や指導計画の作成等についての記述がなされ
るが，学習指導要領を通じて一貫して強調されているのは「探究的な学習」で
あり，それを通じて児童生徒の中に課題解決能力，問題解決能力を高めてゆこ
うとする教育目標である。このたび新たに告示された学習指導要領では，総則
つまり学校教育全体のあり方として「主体的・対話的で深い学びの実現に向け
た授業改善」（文部科学省，2017）が強調されているが，この「主体的・対話

的で深い学び」という学習のあり方は「探究的な学習」を軸とする総合的な学習が志向しているものと極めて親和性が高い。つまり総合的な学習において追求されている学びのあり方は，総合学習という一特殊領域にとどまるものではなく，むしろ現代の日本の学校教育全体を特徴づける根本的な方向性を指し示している。換言すれば，総合学習の中にこそ，新しい学校教育全体のビジョンが端的に表現されていると考えられる。

　新しい学習指導要領のもとでの学校教育では，どの教科領域においても何らかの意味で課題発見能力および課題解決能力の育成が含意されていると見ることができる。しかし，総合的な学習の時間においてはとりわけ「そもそも何が問題なのか」を見つけていく問題発見とその解決方法の創出能力の開発に重点が置かれているといえるであろう。

　総合的な学習の時間において課題解決能力の育成が強く謳われているのは，グローバル化と情報化の進捗により，社会の流動性が著しく増し，これまでの教科教育の枠組に依拠する従来型の知識やスキルだけでは新たな時代状況に由来する挑戦に十分に対応しきれないという判断が働いたためだと考えられる。それゆえ，総合的な学習の時間は，その導入の経緯からしても，学習指導要領に記載されている定義からしても，本来的に教科横断的であり，全人的であり，また同時にあらかじめ答えが定まっていない探索型（explorative）の学習がめざされていることがわかる。

　こうして見てみると，総合的な学習で目指している新しい学びのあり方は，国際連合が2015年に採択した「持続可能な開発目標」（SDGs）と学びの様態においても目的設定においても非常に親和性の高いアプローチであることが浮き彫りになってくる。どちらもあらかじめ定まった（あるいは教育者側から与えられた）答えや「解」がない状況で，これまでに学習者が身につけたさまざまな領域の知識やスキルを総動員しながら，現状で考え得る最上の「解」を共同でどう創出していくかが問われているからである。

第3節　現代世界の特質―グローバル化と人間形成

　総合的な学習の時間が現代というある意味で非常に特殊な時代状況のもとで生まれてきた新しい能力観，学力観をベースに導入された学習活動であること

は先述したとおりであるが，それではこの新しい能力観を教育関係者に求めさせるに至った現代世界の特質は何であろうか。まず最も顕著で，人間生活のあらゆる局面に甚大な影響を与えている特質として挙げられるのは，グローバル化の進展である。多くの考古学者や人類学者によれば，われわれ人類（ホモ・サピエンス）は，アフリカ東部に発生した単一起源の種であるというのが広く受け入れられた共通見解になっている。しかし結果として全地球上に拡がった現生人類は，その後の発展（進化）の過程で，それぞれ住み着いた土地の気候風土や植生などの環境条件によって異なる人種に分かれた上，多数の民族集団を形成していった。さらにそれぞれの民族集団は相互に非常に異なる言語，政治形態，社会慣習，経済活動，文化伝統，宗教信仰を発展させてきた。今日，人類はきわめて多様な文化形態を内包する集団である。古代，中世の時代までは，移動手段が限られていたこともあって，国家間，民族間の交流や相互交渉（それは平和的な交流や通商だけでなく戦争や侵略などの暴力的な接触も含む）があったとしても，それは全体としては限定された規模のものであった。しかし産業革命以降，航空機をはじめとする交通手段の著しい進歩や情報通信技術の劇的な発展によって国家間，民族間の相互交流は飛躍的に増大し，単に理念としてだけでなく，現実問題として世界は一つのコミュニティとして成立するに至った。これに拍車をかけたのがICT革命である。マスメディアはグローバル化を推し進めた重要な要因であるが，あわせてインターネットやSNSに代表されるICT産業の劇的な発展によって，政治，経済，社会活動，科学技術，文化のあらゆる領域で，世界のある地点で起きた出来事は瞬時に地球全体の全人類に共有される時代になった。この共有化のプロセスはAI技術の開発によってさらに加速度化していくと考えられる。まさに文字通り，「世界は一つ」になったのである。

　ところが事態はそれほど単純ではない。世界が一体化する一方で，古代以来長い年月をかけて形成されてきたそれぞれの国家や民族に固有の言語，宗教，社会習慣，文化伝統などは急速なグローバル化にもかかわらず（あるいはグローバル化への反動として）その固有の形態や価値観を堅牢に保持しながら今日に至っている。それは肯定的側面から見れば人類文化の多様性の保障につながるが，否定的側面として文化の多様性自体が文化間の新たな葛藤や対立を引き起こす危険因子になっていることも認めないわけにはいかない。

　これを学校教育への影響という観点から吟味してみると，次のような事態が

生じていることがわかる。一方では，グローバル化は児童生徒にとって著しい情報と体験の増大をもたらした。情報通信技術のおかげで，私たちはいながらにして世界のさまざまな文学，音楽，美術，ファッション，料理などの多彩な文化産物を直接楽しめるようになった。海外旅行もごく日常的な体験レパートリーの一部となった。ところがこの情報量の激増の一方，それを統一的な価値の準拠枠のもとで整理し，分析して文化の違いを超えた共通解を見出す能力の開発はあまり進んでいないのが現状である。多文化化によって，文化の違いからくる葛藤や矛盾に曝される局面も日常の体験レパートリーの中に侵入してくることになったが，それに対応する葛藤解決能力の育成は追いついていない。人類の文化の多様性を保障しているそれぞれの国家や民族集団の文化伝統は堅牢に維持されてきているが，それらは異なる価値観や人間像を前提としているため，同じ場にもたらされると，ほぼ不可避的に葛藤や対立をもたらすことになる。グローバル化とは，文化的，民族的背景の異なる人々が同じ場（バーチャル空間も含め）で出会い，共同活動をする機会が一般市民レベルで著しく増えた，ということをも意味する。つまりかつては潜在的であった異文化間の価値の葛藤や対立が地域社会の日常生活レベルで顕在化することになったということである。

　欧米諸国と比べて外国籍の住民の比率が相対的に低かった日本も近年は文化間移動の促進によって地域社会の多文化化が進んできている。それに伴い，生活習慣やコミュニケーション様式，宗教や価値観の違いによる住民間のトラブルや摩擦も多くの自治体で起きるようになってきている。学校現場でも外国人児童生徒や外国とつながる児童生徒が多い「多文化クラス」が次第に増えてきているが，日本語習得の問題だけでなく，たとえば宗教伝統の違いからくる食生活に絡んだトラブル（たとえばイスラム教徒の児童生徒はハラール規定により豚肉を使ったハムやベーコンなどが給食に出ても食べられない等）や，男女の性役割に関する捉え方の違い，家庭観の違いなどがさまざまな問題を引き起こしている。

　グローバル化，国際化という言葉には，何か華やかで明るいイメージが伴っている。もちろんそうした側面もあろうが，実際には異なる文化的背景（＝異なる前提）をもった人びとがその違った公理系を維持したままグローバル化によって同じ場での共同生活に引き出されてきたことによって，これまでの伝統社会においては想像もできなかったような摩擦や混乱を生んでいる。これがグ

ローバル化のもたらす否定できない現実の一側面なのである。

　グローバル化に伴う価値の対立・葛藤は国際政治などのマクロの次元でも，地域社会や学校の教室現場などでのミクロの次元でも起きているわけだが，厄介なのはこうした文化間摩擦が古典的な意味での「正しい答え」を失わせてしまっていることである。たとえば国際政治のマクロの次元で生じている文化間摩擦の中でもとりわけ解決が難しい問題に，領土問題，歴史問題，宗教間対立などがある。日本もいくつかの隣国と領土問題や歴史問題を抱えているわけであるが，領土問題も歴史問題もその国の存立基盤や主権に関わる問題だけに，「どうしても譲れない一線」に触れる事柄であり，それを対話によって解決にもたらすことは至難の業である。当然，その国で使われている地理や歴史の教科書にはその国の公式見解が反映された内容が「正しいこと」として記述されており，隣国の地理や歴史の教科書にはそれと相反する内容が「正しいこと」として教えられているわけである。学習者がその生まれ育った国にとどまっている限りはそれでも問題ないが，保護者の出張や転勤などの文化間移動により，自分が学校で教えられた内容と矛盾することが「事実」として教えられている国の学校に来た場合には，本人にとっては深刻なカルチャーショックが起こることが予想される。また，そうしたセンシティブな問題については，渡航者と現地の学校の児童生徒との間に葛藤や対立が生じる危険が生じる。自分が教わってきたことと相反することを転校先（外国）の先生やクラスメイトが主張している現実に直面した時に，どのように行動し，発言するのが賢明なのか。こうした状況で何が葛藤解決につながるのかを考え出す，という営みも「総合的な学習の時間」で強調されている課題解決能力の一つである。これはグローバル化と総合学習をつなげる視点として，少なからぬ重要性を帯びている。

　もちろん現在世界各地で起こっている国際紛争は，米中対立にしろ，パレスチナ問題にしろ，イラン問題にしろ，日韓の対立にしろ，いずれもなかなか解決の目途が立たないものばかりである。解決の目途が立たないということは，国際交渉のプロである政治家や外交官も含めた大人社会も人類社会の抱えるこれらの問題に対して明快な「解」を持っていないということを意味する。学校で学ぶ児童生徒もこうした「解」の見えない国際対立・国際紛争に翻弄される現代社会にいわば「投げ込まれている」被投的存在である。しかしこれは別の観点からすれば，児童生徒もまた世界の当事者としてこうした紛争も含めたさまざまな国際問題に対してどのようにより良い解（対立する相互が納得できる

解）を創出していくかを共に考える共同責任を負っていると考えることができるのである。これこそ，総合的な学習の時間が潜在的に発揮しうる人類社会の葛藤解決に向けた探索的活動の一つである。

第4節　現代世界の特質—多様性と不確実性

　現代社会を特徴づけるもう一つの特質として，多様性と不確実性の日常化を挙げることができる。21世紀に入る世紀の変わり目を節目として，これまで市民社会を支えてきた定式（「当たり前」の前提）が次々と崩れ去り，先の読めない不確実性の時代に入ったことは多くの識者の指摘する通りである。

　戦後長く続いた冷戦が終わり，これまでのような政治イデオロギーの対立ではなく，ハンチントンの言うような「文明の衝突」が，テロや地域紛争に端的に示されているように世界の平和と安全を脅かすリスク要因として浮上してきた（ハンチントン，1998）。日本社会を例にとれば，戦後の経済成長を支えてきた年功序列や終身雇用制度は崩れ，そうした制度に支えられた「一億総中流」という意識も過去の神話になりつつある。新たな格差社会が現実のものとなってきているのである。少子高齢化に伴う人口ピラミッドの逆転により年金制度は崩壊の危機に直面しているし，雇用の不安定化は格差社会の現実をいっそう厳しいものにしている。

　こうした中で，「ふつうに人並みにやっていれば，そこそこの人生が送れる」という高度成長期の「常識」は明らかに崩壊した。明るい将来展望を許さないこのような現代社会の不安定さ，過酷さは，青少年の価値観に深刻な影響を与えるようになってきている。「さとり世代」と呼ばれるような無欲で将来に希望を持たない，ある意味で「虚無的な」若者が増加しているという社会学研究の結果は，現代社会における不確実性と格差の増大と無関係ではありえない。

　また地球温暖化の影響による気候変動がもたらす災害の激甚化は，近年頻発するようになった台風・豪雨被害や津波被害などに苦しめられている多くの日本人にとって他人事ではない切実な問題である。防災教育や減災教育が現在学校の現場で脚光を浴びるようになってきた背景には，災害の激甚化に伴う，こうした危機意識が働いていることは間違いない。「日本は安全な国」という安全神話は，この自然災害という一点だけを見てもすでに崩れ去っているといわ

なければならない。

　こうした社会変動の現実を，かつての平準化された誰もが中流意識を謳歌できる高福祉社会を理想とした立場から「退歩」ないし「劣化」と捉えるのか，それとも人生の定型パターンが崩れたところから新たなチャレンジの可能性の到来と捉えるのかは立場によって異なるだろう。いずれにしても21世紀に入ってからの社会は，かつてないほどのリスク要因に取り囲まれた不安定，不確定で先の見えない時代に入ったと特徴づけることができる。

　かつて世界を驚嘆させた経済成長による経済大国としての日本の国際的地位が新興国の成長ともあいまって相対的に低下しつつあり，しかも人口減少によっていっそう国力の低下が懸念される今日，若者に20世紀後半のような右肩上がりの成長に依拠した楽天的な「夢」を語っても空しい。それでは醒めた「さとり世代」の青少年からそっぽを向かれるだけである。しかし人間はどのような状況に置かれても本来的に価値存在であり，その人を方向づけ，動機づける何らかの「夢」（ビジョン）がなければ学習や発達のプロセスを継続していくことはできない。

　それでは，雇用の不安定化と年金制度のゆきづまりで生活の持続的安定が脅かされている格差社会において，またかつての地域共同体（コミュニティ）が崩れ，多くの人がネット空間を活用してある種の疑似的な「引きこもり」状態に陥っている「孤立社会」において，児童・生徒に生きる希望と意欲を与える新たな価値とは何なのであろうか。それは，まさにまだ誰もはっきりとした答えを持っていない，しかし人間である以上，必然的なニーズのある切実な問いである。学習指導要領で「実社会や実生活の中から問いを見いだし，自分で課題を立て，情報を集め，整理・分析して，まとめ・表現することができるようにする」という文言で表現されている総合学習の目標は，まさにこうしたかつての常識が崩れ去った不確実性の時代に必要とされる「生きる力」に直結する課題である。「生きる力」へのこうした新たな視点について，総合学習を指導する教育者は十分に自覚していなければならないだろう。

　しかし，それは他面，終身雇用や年功序列，一億総中流が人生の定型パターンであった時代と比べ，確かに人生行路の不確実性は増大したが，同時に生き方の多様性が積極的に評価され，推奨される時代に入った，ということでもある。

　文化的背景に関しても，日本に在住する外国人の数は増加の一途をたどり，政府の新たな外国人材の受け入れ方針を受けて，日本社会はいっそう多文化共

生が求められる多元的な社会に移行していくと考えられる。それは学校の教室現場にも反映され，地域差はあるものの，一つの教室に外国人児童生徒が複数いるのが当たり前の状況になってきた。

　また心理臨床的な観点からは，発達障害（発達の偏り）のある児童生徒への特別支援教育もスクールカウンセラーや特別支援コーディネーターの配置の拡充などに見られるように，制度面，心理的支援技法面の両方で全国的に拡充されてきている。これは「発達障害」に対する受け止め方自体にも変化をもたらしている。つまり学習障害（LD），注意欠陥多動性障害（ADHD），自閉症スペクトラム障害（ASD）を含む発達障害を「障害」としてではなく，むしろ一つの「文化」「生き方」の一つとして捉えてゆこうとするアプローチも出てきている。これも人間のあり方の多様性への理解の進化と捉えることもできるだろう。いわゆる健常児とは異なる行動やコミュニケーションの特質を持った児童生徒に対する偏見や嫌悪感をなくし，こうした「発達障害児」と適切にかつ尊重をもって関わってゆける対人スキルを「健常児」に育成してゆくことも，多様性に関わる総合的な学習の重要な学習課題であると言えよう。

　家庭のあり方に関しては，離婚率の上昇や独身世帯および未婚シングルマザーの増加などにより，現代社会ではひとり親家庭も珍しくなくなっている。そして職業キャリアについて言えば，非正規雇用が当たり前になった時代でもある。このように，職業，家庭，社会的関係性を含む人生キャリアの形成のされ方そのものが，これまでの「定式」「常識」では推し量れなくなった現代社会は，まさに価値多元化社会ということができる。しかし，こうした多様性や多元性が増すほど「常識」の枠は狭まり，人生のさまざまな局面における「不測の事態」（不確実性）は増大するわけである。このような前例のない不確実で多元的な時代状況の中で，いかに社会全体の福祉と自分個人の自己実現を両立させられるような解決法を見出していくか，この根本的な意味での課題発見能力，課題解決能力こそ，総合的な学習の時間に意識化し，スキルとして育成してゆくべき学習課題であるという事実を本書の最初の章で今一度確認しておきたい。

第5節　国際社会の文脈における総合学習―SDGsの教育課題

　現代社会の大きな特徴がグローバル化にあり，学校教育を受ける児童生徒も

地域社会への貢献と同時に，グローバル社会に中に自己を位置づけていく必要がある以上，これからの総合学習において国際社会の文脈が大きな意味を持ってくることは自然な道理である。

　総合的な学習の時間で目指されている学びが，現在の国際社会の教育動向と密接に連関したベクトルを指し示しているという事実をしっかり認識しておくことは，総合学習の指導を実際に教室現場で行っていく上で非常に重要である。

　たとえばOECD（経済協力開発機構）が3年毎に行っている学習到達度調査PISA（Programme for International Student Assessment）では，従来型の知識と並んで，物事を総合的に捉え分析していく能力，批判的思考に基づき問題を発見し，課題を解決していく能力がいわゆる「PISA型学力」として重視されている。PISAで焦点化されているこうした能力（21世紀型コンピテンス）は，総合的な学習の時間に育成が期待されている問題解決能力と軌を一にしており，ある意味でグローバル人材育成に向けたスキル養成という意味合いももった学習アプローチであることが見えてくるのである（梶田，2016）。

　日本ではまだ十分に普及しているとはいえないが，グローバル人材育成の文脈で注目される国際バカロレア（IB: International Baccalaureate）プログラムにおいて追究されている学びのあり方も，総合学習との大きな親和性のゆえに注目に値する。国際バカロレアは「より良い平和な世界を築くために貢献する人材育成」を目標に掲げているが，そこでは理想の学習者像としてとりわけ「探究する人」の育成が重視されている。OECDとはまた違った視点からではあるが，国際バカロレアにおいても答えがあらかじめ定まらない状況で自ら問題を発見し，解決の方途を探っていく能力の育成が謳われているのであり，学習指導要領に書かれている「探究的な学習の過程」とも整合性の高いアプローチであるといえる。

　学習指導要領の総則には，「豊かな創造性を備え持続可能な社会の創り手となることが期待される児童に，生きる力を育むことを目指す」という記述があり，持続可能な社会の創り手という「人間像」が謳われているが，これはグローバル社会においてその本来的な意味が見えてくるアプローチでもある。

　この持続可能性に焦点を当てたグローバル社会での教育アプローチとしてとくに注目に値するのが，国際連合が2015年に採択した「持続可能な開発目標」（SDGs）である。

　これはもともと気候変動や生態系の破壊，環境汚染といった一連の環境問題

によって人類社会の持続可能性が脅かされているという危機意識に基づいて国連が2000年に採択した「国連ミレニアム開発目標」（MDGs）を継承した宣言である。MDGsをさらに発展・深化させ，地球上のすべての国々（途上国か先進国かを問わず），すべての世代，すべての人々を対象に，気候変動や国際紛争などで持続不可能な現実に直面している人類社会が持続可能性を保障するために2030年までに達成すべき優先課題（「アジェンダ2030」）を17の目標（ゴール）と169の指標（ターゲット）にまとめたものがSDGsである。

　教育関係者の間ではとくに目標4「質の高い教育をみんなに」（Quality Education for All）が注目されて頻繁に引用されているが，よく見ればSDGsに謳われている17の開発目標は，いずれも持続可能な社会を実現していくためには欠かすことのできない課題であり，学習指導要領が言う「持続可能な社会の創り手」を育成するためには，この17の目標はすべて総合的な学習の時間における探索学習の重要なトピックになるものばかりである。現在，人類社会が置かれた問題状況への気づきを高め，学習者である児童生徒の社会（地域社会，日本社会，人類社会）への当事者意識を培うためにも，総合学習の時間において国連のイニシアティブであるSDGsを教材として有効に活用するアプローチが求められている。

　国連の専門機関であるユネスコ（UNESCO　国際連合教育科学文化機関）は，その理念を学校の教育現場で児童生徒の心の中に浸透させるために1953年にユネスコスクール（ASPnet: UNESCO Associated Schools［Project］Network）という国際的な学校間ネットワークを発足させた。現在ユネスコスクールは世界182カ国に約11700校の加盟校をもつ巨大ネットワークに成長している。日本国内だけで2020年7月現在，1120校のユネスコスクール加盟校が存在する。このユネスコスクールで重点領域として推進すべき学習課題として挙げられているのが1）持続可能な開発のための教育（ESD），2）地球市民教育（GCED）および平和と非暴力の文化，3）異文化学習，である（日本では文部科学省のイニシアティブにより，ユネスコスクールはとくにESDの推進拠点と位置づけられている）。これらの価値教育（transformative pedagogy）は，いずれも平和で持続可能な社会を実現するために学習者自身の認知的，社会・情動的，行動的な「変容」をめざしたものであり，国連SDGsの目標が提示する大きな価値のベクトルに一致している。それ同時に，学習指導要領が提唱する「主体的・対話的で深い学び」にも対応していることが見えてくる。

　ユネスコスクールをESDの推進拠点とする文部科学省は，持続可能な社会の担い手育成としてのESD学習は教科横断的にホールスクール・アプローチにより進められるべきだとする一方で，とくに「総合的な学習の時間」を，ESD学習を重点的に行える場として推奨している。これを見ても，現在のグローバルな文脈においていわば「人類是」として提唱されている国連SDGsを学校教育のカリキュラムと授業実践に具体化していく上で，総合的な学習の時間には中心的な役割を果たすことが期待されていることは間違いない。国連やその専門機関ユネスコが掲げる持続可能な社会の担い手育成という教育要請は，何もユネスコスクールに限った課題ではなく，すべての学校に向けられた要請として捉えることが必要である。そして人類益の視点でSDGsやESDを提唱している国際機関の要請を最も端的に受けとめ，それを国益とも調和した形で探求学習の課題として活かしてゆける可能性を秘めているのが総合的な学習の時間であるといえるのである。

第6節　おわりに

　これまで述べてきたことから，これからの時代における「総合的な学習の時間」は，現代社会のさまざまな動向，とくにグローバル化と高度情報化，そして不確実性と価値多元化に対応できる問題発見能力と課題解決能力を育むための学びであることがはっきりしてきたはずである。現代社会の動向，トレンドを最も敏感に反映するのが総合学習の時間であるといえる。これは逆に見れば，学校で学ぶ児童生徒が単に教師（とその背後の社会）から一方的に知識やスキルを受け取る受動的学習者であるだけでなく，まだ解が見つかっていない人類社会の切実な諸課題の解決に向けて，「共同探索者」として最も当事者性を高めることができるのが総合的な学習の時間であるともいえそうである。これは不登校や引きこもりの増加など，社会と自分を切り離そうとする傾向が強まっている現代において，自分と世界をつなぐラインを発見させ，社会の一員（市民）としての児童生徒の当事者性を回復させる一つのキーポイントになるかもしれない総合学習の潜在力である。総合的な学習の時間を指導する教育者は，常に現代社会の動向をグローバルかつ地域的な視野から的確に把握し，しかもそうした現代社会における自己存在の意味や立ち位置を確認していく作業が求

められる。指導者にとっては厳しいチャレンジを求められる場でもあるが，反面，どのような総合学習の授業が「最良」なのかについて定まった答えはなく，ある意味で教師が児童生徒といっしょに「共同探究者」として持続可能な人類社会を創出していくために求められる人間力を探り出していくという，非常にスリリングで時代の最先端を行く学習活動が可能になる場でもある。本書はそのためにあくまでもいくつかのヒントを提供する提言集であるに過ぎない。しかし総合学習の指導に当たられる読者諸氏におかれては，本書の提言を参考に，気候変動にせよ，国際対立にせよ，格差社会にせよ，国内外に山積する人類社会の難題に当事者として立ち向かい，より適合的で創造的な新しい解を見つけることのできる学習者を育成して頂けることを期待している。

課　題

1. みなさんが子どもの頃には必ずしも必要ではなかったが，現在の児童生徒には必要とされるスキルにはどのようなものがありますか？　具体例を挙げ，それが現代社会のどのような特質と連関しているかを説明しなさい。
2. どの国で作られたかによって，世界地図での国境線は異なることがあります。それについて児童から「どの世界地図が正しいのですか？」という質問を受けた場合，あなたは指導者としてどのように答えますか？　またこの問いを総合学習にどのように生かしてゆけるかを考察しなさい。
3. 国連の採択したSDGs（持続可能な開発目標）を総合的な学習の時間に導入する場合，たとえばどのような「問」が立てられるでしょうか？　SDGsを学習テーマにした簡単な授業案を作成しなさい。

参考文献

加賀美常美代著『異文化間葛藤と教育価値観—日本人教師と留学生の葛藤解決に向けた社会心理学研究』明石書店，2019年

梶田叡一，日本人間教育学会編『PISA型学力を育てる（教育フォーラム57）』金子書房，2016年

北村友人・佐藤真久・佐藤学編著『SDGs時代の教育』学文社，2019年

国立教育政策研究所編『生きるための知識と技能7：OECD生徒の学習到達度調査（PISA）—2018年調査国際結果報告書』明石書店，2019年

佐藤康仁・熊沢由美編著『新版 格差社会論』同文舘出版，2019年

立田慶裕著『生涯学習の新たな動向と課題』放送大学教育振興会，2018年

原田曜平著『さとり世代—盗んだバイクで走り出さない若者たち』角川書店，2013年

サミュエル・ハンチントン著，鈴木主悦訳『文明の衝突』集英社，1998年

本田秀夫著『発達障害―生きづらさを抱える少数派の「種族」たち』SBクリエイティブ，2018年

文部科学省『小学校学習指導要領（平成29年告示）解説　総合的な学習の時間編』東洋館出版社，2018年

文部科学省『中学校学習指導要領（平成29年告示）解説　総合的な学習の時間編』東山書房，2018年

李修京編著，権五定・鷲山恭彦監修『多文化共生社会に生きる―グローバル時代の多様性・人権・教育』明石書店，2018年

学習指導要領を踏まえた
新しい総合学習のビジョン

　　総合学習では，地域や学校，児童生徒の実態等に応じて，教科等の枠を超えた横断的・総合的な学習とすることと同時に，探究的な学習や協働的な学習を実践することが求められる。特にこれからは，「社会に開かれた教育課程」の理念を念頭に置きつつ，各学校の教育目標の実現を目指し，総合学習の目標及び内容を設定・実践し，児童生徒に必要な資質・能力を身に付けていくことが大切である。

キーワード　社会に開かれた教育課程　カリキュラム・マネジメント　資質・能力の三つの柱

　　本章では，新しい「総合的な学習の時間」（以下，「総合学習」という）で育成することが目指されている資質・能力とは何か，また，それらはどのような目標及び内容を設定することによって実現に向かうのか，学習指導要領を踏まえて考察することとしたい。

第1節　総合学習で育成を目指す資質・能力

1．総合学習の教育課程上の位置付け

（1）「社会に開かれた教育課程」と総合学習

　　新教育課程では，「よりよい学校教育を通じてよりよい社会を創る」という目標を学校と社会が共有し，連携・協働しながら，新しい時代に求められる資質・能力を児童生徒たちに育む「社会に開かれた教育課程」の実現を目指している。

なぜ今,「社会に開かれた教育課程」が求められ,学校と社会との関わり方が問われているのだろうか。2016年の中央教育審議会答申では,「社会に開かれた教育課程」が内包する事項について,次のように整理されている。

①社会や世界の状況を幅広く視野に入れ,よりよい学校教育を通じてよりよい社会を創るという目標を持ち,教育課程を介してその目標を社会と共有していくこと。
②これからの社会を創り出していく子供たちが,社会や世界に向き合い関わり合い,自分の人生を切り拓いていくために求められる資質・能力とは何かを,教育課程において明確化し育んでいくこと。
③教育課程の実施に当たって,地域の人的・物的資源を活用したり,放課後や土曜日等を活用した社会教育との連携を図ったりし,学校教育を学校内に閉じずに,その目指すところを社会と共有・連携しながら実現させること。

　下線部に着目してほしい。広く社会全体における有識者からなる中央教育審議会委員の方々の認識は,下線部の裏を返したところにあるからこそ,今,この時期に「社会に開かれた教育課程」が謳われた,と捉えられよう。すなわち,「今の学校教育は,社会や世界の状況を(一般社会の有識者が期待するほどには)視野に入れていない」,「学校教育が学校内に閉じてしまっており,その目指すところが(一般社会の有識者が期待するほどには)共有されていない」等といった問題意識である。

　これまでも学校は,地域や学校,児童生徒の実態等に応じて,俗に「○○教育」と呼ばれる,様々な社会的要請を受け入れて授業で扱ってきた。しかし,これからは,このままでは社会全体の持続可能性が失われてしまうとの危機感の下,これまで以上の真剣さで寄せられてくる社会的要請を,学校の年間指導計画に適切に位置付け,実施していかなければならない社会的状況に一層なってくるだろう。このような社会や世界の状況であるからこそ,教科の枠にとらわれない総合学習への期待が高まってくるのではないだろうか。

(2) カリキュラム・マネジメントを設計する

　これまでも総合学習は,地域や学校,児童生徒の実態等に応じて,教科等の枠を超えた横断的・総合的な学習とすることと同時に,探究的な学習や協働的な学習を実践してきた。新教育課程では,学習指導要領総則で「児童生徒や学校,地域の実態を適切に把握し,教育の目的や目標の実現に必要な教育の内容

等を教科等横断的な視点で組み立てていくこと，教育課程の実施状況を評価し
てその改善を図っていくこと，教育課程の実施に必要な人的又は物的な体制を
確保するとともにその改善を図っていくことなどを通して，教育課程に基づき
組織的かつ計画的に各学校の教育活動の質の向上を図っていくこと（以下「カ
リキュラム・マネジメント」という。）に努める」ことについて新たに示された。

　これは，総合学習が先鞭を着けてきたカリキュラム・マネジメントの考え方
が教育課程の全ての場面で求められるようになったことの証左といえよう。そ
こで，これまで以上に学校としての「全体計画」を作成することが重要となっ
てきているのである。

　全体計画とは，指導計画のうち，学校として，総合学習の教育活動の基本的
な在り方を示すものである。具体的には，各学校において定める目標や内容に
ついて明記するとともに，学習活動，指導方法，指導体制，学習の評価等につ
いても，その基本的な内容や方針等を概括的・構造的に示すことが求められる。

　次の表は，全体計画に盛り込むべき事項を一覧にしたものである。

　第7章に，全体計画の作成・実践事例が掲載されているので，具体的なイメー

表2-1　総合学習の全体計画に盛り込むべき事項

①必須の要件として記すもの
　・各学校における教育目標
　・各学校において定める目標
　・各学校において定める内容（目標を実現するにふさわしい探究課題，探究課題の解決を通
　　して育成を目指す具体的な資質・能力）
②基本的な内容や方針等を概括的に示すもの
　・学習活動
　・指導方法
　・指導体制（環境整備，外部との連携を含む）
　・学習の評価
③その他，各学校が全体計画を示す上で必要と考えるもの。具体的には，例えば，以下のよう
　な事項等が考えられる。
　・年度の重点・地域の実態・学校の実態・児童生徒の実態・保護者の願い・地域の願い・教
　　職員の願い
　・各教科等との関連・地域との連携・中学校との連携・近隣の小学校との連携　など

『小学校学習指導要領（平成29年告示）解説 総合的な学習の時間編』p. 89, 2018年より引用

ジをつかむために，合わせて参照してほしい。

2. 総合学習の目標

新教育課程では，全ての教科等においてその目標が資質・能力の「三つの柱」
で整理されている。その上で，目標には「三つの柱」を総括する柱書部分が新
たに示された。これは総合学習においても同様である。本章では，まず「三つ
の柱」とは何か，ということについて述べていきたい。

(1)「資質・能力の三つの柱」

今回の学習指導要領改訂に当たっては，小・中・高等学校の全ての教科等に
おいて，育成を目指す資質・能力が「三つの柱」（「生きて働く知識・技能の習
得」，「未知の状況にも対応できる思考力・判断力・表現力等の育成」，「学びを
人生や社会に生かそうとする学びに向かう力・人間性等の涵養」）で整理された。
そもそも，なぜこのような整理がなされることになったのだろうか。まず，そ
の経緯をひもときたい。

2014年3月末，文部科学省に設置された「育成すべき資質・能力を踏まえた
教育目標・内容と評価の在り方に関する検討会」から「論点整理」が公表され
た。本検討会は，次期学習指導要領に向けての基礎的な資料を得ることを目的
に，教育課程に関する学識経験者を集め，2012年12月から開催されていたも
のであったが，以後，この「論点整理」は，次期学習指導要領の枠組みづくり
に向け，2014年11月に諮問され，2016年12月の答申に至った中央教育審議会
での議論に資することとなった。同検討会での検討の成果は次の3点であった。

今後，学習指導要領の構造を，
①「児童生徒に育成すべき資質・能力」を明確化した上で，
②そのために各教科等でどのような教育目標・内容を扱うべきか，
③また，資質・能力の育成の状況を適切に把握し，指導の改善を図るための学習評価はどう
　あるべきか，
といった視点から見直すことが必要。

育成すべき資質・能力を踏まえた教育目標・内容と評価の在り方に関する検討会「論点整理」より引用

このうち，①については，「今後育成が求められる資質・能力の枠組みについて，
諸外国の動向や国立教育政策研究所の『21世紀型能力』も踏まえつつ更に検

討が必要」とされ，また③については，「評価の基準を，『何を知っているか』
にとどまらず，『何ができるか』へと改善することが必要」である，とすでに
整理されていたのであった。この「論点整理」を受けて，各学校が創意工夫を
生かした内容を定めることが期待されている総合学習においても，第1の目標
において「資質・能力」の明確化が可能であるか，という論点が生じることと
なった。

　また，②については，「現在の学習指導要領に定められている各教科等の教
育目標・内容を以下の三つの視点（筆者注；㋐教科等を横断する汎用的なスキ
ル（コンピテンシー）等，㋑教科等の本質（教科等ならではの見方・考え方など），
㋒教科等に固有の知識や個別のスキル，のそれぞれに関するもの）で分析した
上で，学習指導要領の構造の中で適切に位置付け直したり，その意義を明確に
示したりすることについて検討すべき」と示されていた。このことが，今回の
学習指導要領改訂において目標・内容の示し方が大きく変わった背景にあった
と捉えられよう。いずれにせよ，2014年以降，議論の場は中央教育審議会に移り，
そこに設置された教育課程企画特別部会で学校教育法第30条2項との法的整合
性を図りつつ，育成を目指す資質・能力が，本章冒頭に示した「三つの柱」に
整理されていったのである。

　2015年8月，教育課程企画特別部会から「論点整理」が公表された。本「論
点整理」は，「2030年の社会と，そして更にその先の豊かな未来を築くために，
教育課程を通じて初等中等教育が果たすべき役割を示すことを意図」するとと
もに，「学校を，変化する社会の中に位置付け，教育課程全体を体系化するこ
とによって，学校段階間，教科等間の相互連携を促し，さらに初等中等教育の
総体的な姿を描くことを目指」して議論されたものであった。

　「論点整理」では，特にこれからの時代に求められる資質・能力を考えるために，
「将来の予測が困難な複雑で変化の激しい社会や，グローバル化が進展する社
会に，どのように向き合い，どのような資質・能力を育成していくべきか」等
と論点が提起された。その後，中央教育審議会では各教科等ごとに更に検討が
進められ，2016年12月，中央教育審議会答申が文部科学大臣に手交されるに
至ったのである。

（2）総合学習の目標

　学習指導要領では，総合学習の第1の目標の柱書は次のように示されている。

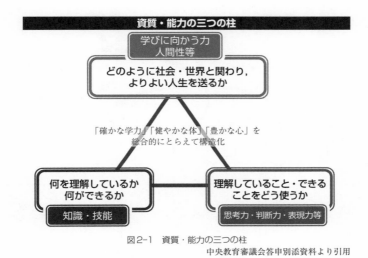

図2-1　資質・能力の三つの柱
中央教育審議会答申別添資料より引用

> 　探究的な見方・考え方を働かせ，横断的・総合的な学習を行うことを通して，よりよく課題を解決し，自己の生き方を考えていくための資質・能力を次のとおり育成することを目指す。

　この目標の柱書部分には，総合学習の特質を踏まえた学習過程の在り方が示されている。

　まず始めに，「探究的な見方・考え方」を「働かせ」るとは，どのような様子のことなのだろうか。

　次ページの図2-2からわかるように，児童は①日常生活や社会に目を向けた時に湧き上がってくる疑問や関心に基づいて，自ら課題を見つけ，②そこにある具体的な問題について情報を収集し，③その情報を整理・分析したり，知識や技能に結び付けたり，考えを出し合ったりしながら問題の解決に取り組み，④明らかになった考えや意見などをまとめ・表現し，そこからまた新たな課題を見つけ，更なる問題の解決を始めるといった学習活動を発展的に繰り返していく。これが「探究的な学習」である。

　そして，この探究のプロセスを支えるのが「探究的な見方・考え方」なのである。

　総合学習で探究する課題は，一つの決まった正しい答えがあるわけではなく，様々な教科等で学んだ見方・考え方を総合的に活用しながら，様々な角度から

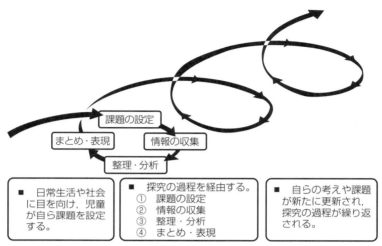

図2-2　探究的な学習における児童の学習の姿
『小学校学習指導要領（平成29年告示）解説 総合的な学習の時間編』p.9，2018年より引用

捉え，考えることができるものであることが求められている。そして，課題の解決により，また新たな課題を見つけるということを繰り返していく中で，自分の生き方も問い続けていくことになるのである。

　すなわち，「総合的な見方・考え方を働かせる」ことは，社会で生きて働く資質・能力を育成する上で，教科等の学習と教科等横断的な学習を往還することが重要であることを意味している。

　次に「横断的・総合的な学習を行う」というのは，総合学習の対象や領域が，特定の教科等に留まらず，横断的・総合的でなければならないことを表している。言い換えれば，総合学習では，教科等の枠を超えて探究する価値のある課題について，各教科等で身に付けた資質・能力を活用・発揮しながら解決に向けて取り組んでいくことでもある。

　総合学習では，各学校が目標を実現するにふさわしい探究課題を設定することになる。それは，例えば，「国際理解，情報，環境，福祉・健康などの現代的な諸課題に対応する横断的・総合的な課題」，「地域の人々の暮らし，伝統と文化など地域や学校の特色に応じた課題」，「児童生徒の興味・関心に基づく課題」などである。具体的には，本書で取り上げている「多文化共生―『当たり

前』のかべをこえよう！」(p. 90)，「八重山の観光について考えよう」(p. 54)などの探究課題である。

　こうした探究課題は，特定の教科等の枠組みの中だけで完結するものではない。実社会・実生活の中から見いだされた探究課題に特定の教科等の枠組みを当てはめるのは困難である一方で，探究課題に各教科等の資質・能力が繰り返し何度となく活用・発揮されることが容易に想像できる。

　そして，「よりよく課題を解決し，自己の生き方を考えていく」ということは，総合学習における資質・能力は，探究課題を解決するためのものであり，またそれを通して，自己の生き方を考えることにつながるものでなければならないことを明示している。

　まず，「よりよく課題を解決」するとは，解決の道筋がすぐには明らかにならない課題や，一つの決まった正しい答えが存在しない課題などについても，自らの知識や技能等を総合的に働かせて，目の前の具体的な課題に粘り強く取り組み，解決しようとすることである。身近な社会や人々，自然に直接関わる学習活動の中で，課題を解決する力を育てていくことが必要になる。こうしたよりよく課題を解決する資質・能力は，試行錯誤しながらも新しい未知の課題に対応することが求められる時代において，欠かすことのできない資質・能力である。

　次に「自己の生き方を考え」るについては，以下の3点で考えることができる。第一に，人や社会，自然との関わりにおいて，自らの生活や行動について考えていくことである。第二に，自分にとっての学ぶことの意味や価値を考えていくことである。そして，これら2点を生かしながら，学んだことを現在及び将来の自己の生き方につなげて考えることが3点目である。

　総合学習においては，こうした形で自己の生き方を考えることが大切である。その際，具体的な活動や事象との関わりをよりどころとし，また身に付けた資質・能力を用いて，よりよく課題を解決する中で多様な視点から考えることが大切である。また，その考えを深める中で，さらに考えるべきことが見いだされるなど，常に自己との関係で見つめ，振り返り，問い続けていこうとすることが重要なのである。

3．総合学習で育成を目指す資質・能力

　小学校学習指導要領では，総合学習の第1の目標は，柱書に続けて次の三つ

の柱で表されている。

---

(1) 探究的な学習の過程において，課題の解決に必要な知識及び技能を身に付け，課題に関わる概念を形成し，探究的な学習のよさを理解するようにする。
(2) 実社会や実生活の中から問いを見いだし，自分で課題を立て，情報を集め，整理・分析して，まとめ・表現することができるようにする。
(3) 探究的な学習に主体的・協働的に取り組むとともに，互いのよさを生かしながら，積極的に社会に参画しようとする態度を養う。

---

(1)は知識及び技能，(2)は思考力，判断力，表現力等，(3)は学びに向かう力，人間性等を表している。各学校においては，この第1の目標を踏まえ，各学校の総合学習の目標を定めることが求められる。

第2節　総合学習の指導計画の作成

1．各学校で定める目標

　総合学習では，各学校が，地域や学校，児童生徒の実態に応じてその目標を作成することが必要である。その際，留意すべき点として，「学習指導要領に示された目標を踏まえること」，「学習指導要領に示された目標の趣旨を生かすこと」が挙げられる。

(1)　学習指導要領に示された目標を踏まえること

　各学校においては，学習指導要領の第1の目標を踏まえ，各学校の総合学習の目標を定め，その実現を目指すことが求められる。この目標は，各学校が総合学習での取組を通して，どのような児童生徒を育てたいのか，また，どのような資質・能力を育てようとするのか等を明確にしたものである。「第1の目標を踏まえ」る際には，具体的には，第1の目標の構成に従って，以下の二つを反映させることが，その要件となる。

> (1)「探究的な見方・考え方を働かせ，横断的・総合的な学習を行うことを通して」，「より
> よく課題を解決し，自己の生き方を考えていくための資質・能力を育成することを目指す」
> という，目標に示された二つの基本的な考え方を踏まえること。
> (2) 育成を目指す資質・能力については，「育成すべき資質・能力の三つの柱」である「知
> 識及び技能」，「思考力，判断力，表現力等」，「学びに向かう力，人間性等」の三つのそれ
> ぞれについて，第1の目標の趣旨を踏まえること。

(2) 学習指導要領に示された目標の趣旨を生かすこと

　各学校において目標を定めることを求めているのは，①各学校が創意工夫を
生かした探究的な学習や横断的・総合的な学習を実施することが期待されてい
るからである。それには，地域や学校，児童生徒の実態や特性を考慮した目標
を，各学校が主体的に判断して定めることが不可欠である。

　また，②各学校における教育目標を踏まえ，育成を目指す資質・能力を明確
に示すことが望まれているからである。これにより，総合学習が各学校のカリ
キュラム・マネジメントの中核になることが今まで以上に明らかとなった。

　そして，③学校として教育課程全体の中での総合学習の位置付けや他教科等
の目標及び内容との違いに留意しつつ，この時間で取り組むにふさわしい内容
を定めるためである。

　このように，各学校において総合学習の目標を定めるということには，主体
的かつ創造的に指導計画を作成し，学習活動を展開するという意味がある。

2. 各学校で定める内容

　各学校で総合学習の目標に加えて内容を定める際，留意すべき点として，「目
標を実現するにふさわしい探究課題の設定」，「各学校の教育目標を踏まえるこ
と」，「他教科等で育成を目指す資質・能力との関連の重視」，「日常生活や社会
との関わりを重視すること」の4点が挙げられる。

(1) 目標を実現するにふさわしい探究課題の設定

　各学校においては，第1の目標を踏まえ，各学校の総合学習の内容を定める
ことが求められている。総合学習では，各教科等のように，どの学年で何を指
導するのかという内容が学習指導要領に明示されていない。これは，各学校が，
第1の目標の趣旨を踏まえて，地域や学校，児童生徒の実態に応じて，創意工

夫を生かした内容を定めることが期待されているからである。

　総合学習では，内容の設定に際し，「目標を実現するにふさわしい探究課題」を定める必要がある。目標を実現するにふさわしい探究課題とは，目標の実現に向けて学校として設定した，児童生徒が探究的な学習に取り組む課題であり，従来「学習対象」として説明されてきたものに相当する。つまり，探究課題とは，探究的に関わりを深める人・もの・ことを示したものである。

（2）各学校の教育目標を踏まえること

　各学校の総合学習の内容を定めるに当たり，各学校の教育目標を踏まえることが大切である。これは，各学校において定める総合学習の目標が，この時間の円滑で効果的な実施のみならず，各学校において編成する教育課程全体の円滑で効果的な実施に資するものとなるよう配慮する必要があるからである。

　各学校において定める総合学習の目標には，第1の目標を踏まえつつ，各学校が育てたいと願う児童生徒の姿や育成すべき資質・能力などを，各学校の創意工夫に基づき明確に示すことが期待されている。つまり，総合学習の目標は，学校の教育目標と直接的につながるという，他教科等にはない独自な特質を有することを意味している。このため，各学校の教育目標を教育課程で具現化していくに当たって，総合学習の目標が学校の教育目標を具体化し，そして総合学習と各教科等の学習を関連付けることにより，総合学習を軸としながら，教育課程全体において，各学校の教育目標のよりよい実現を目指していくことができるのである。

　また，総合学習は，教科等を超えた全ての学習の基盤となる資質・能力を育むとともに，各教科等で身に付けた資質・能力を相互に関連付け，学習や生活に生かし，それらが総合的に働くようにするものである。このような形で各教科等の学習と総合学習の学びが往還することからも，総合学習は教科等横断的な教育課程の編成において重要な役割を果たしている。

　これらのことを踏まえ，各学校において目標及び内容を設定するに当たっては，第1の目標の趣旨を踏まえつつ，例えば，各学校が育てたいと願う児童生徒の姿や育成すべき資質・能力のうち，①他教科等では十分な育成が難しいものについて示したり，あるいは，②学校において特に大切にしたい資質・能力について，より深めるために，総合学習の目標及び内容に明記してその実現を目指して取り組んでいったりすることなどが考えられる。

(3) 他教科等で育成を目指す資質・能力との関連の重視

　総合学習で育成を目指す資質・能力と，他教科等で育成を目指す資質・能力との共通点や相違点を明らかにして目標及び内容を定めることは，各学校の教育課程全体において各教科等がそれぞれに役割を十分に果たし，教育課程が全体として適切に機能することに大きく寄与する。そのためにも，総合学習の目標及び内容を設定する際には，他教科等の資質・能力との関連を重視することが大切なのである。

　このことは，中央教育審議会答申において示されたカリキュラム・マネジメントの三つの側面で考えるならば，特に「各教科等の教育内容を相互の関係で捉え，学校の教育目標を踏まえた教科等横断的な視点で，その目標の達成に必要な教育の内容を組織的に配列していくこと」という側面に深く関係するものと考えることができる。

(4) 日常生活や社会との関わりを重視すること

　日常生活や社会との関わりを重視するということについては，以下の三つのポイントを押さえる必要がある。

　一つ目は，総合学習では，実社会や実生活において生きて働く資質・能力の育成が期待されていることである。実際の生活にある課題を取り上げることで，児童生徒は日常生活や社会において，課題を解決しようと真剣に取り組み，自らの能力を存分に発揮する。その中で育成された資質・能力は，実社会や実生活で生きて働くものとして育成される。

　二つ目は，総合学習では，児童生徒が主体的に取り組む学習が求められていることである。日常生活や社会に関わる課題は，自分とのつながりが明らかであり児童生徒の関心も高まりやすい。また，直接体験なども行いやすく，身体全体を使って，本気になって取り組む児童生徒の姿が生み出される。

　三つ目は，総合学習では，児童生徒にとっての学ぶ意義や目的を明確にすることが重視されていることである。自ら設定した課題を解決する過程では，地域の様々な人との関わりが生じることも考えられる。そうした学習活動では，「自分の力で解決することができた」，「自分が学習したことが地域の役に立った」などの，課題の解決に取り組んだことへの自信や自尊感情が育まれ，日常生活や社会への参画意識も醸成される。

　このように，各学校においては，これらのことに配慮しつつ，目標及び内容

第2章

を定めることが求められる。実際の生活の中にある問題や地域の事象を取り上げ，それらを実際に解決していく過程が大切であり，そのことが総合学習の充実につながるのである。

第3節　総合学習の評価

1．各学校が評価の観点を設定する際の留意点

　新教育課程では，各教科等の目標や内容を「知識・技能」，「思考力・判断力・表現力等」，「学びに向かう力・人間性等」の資質・能力の三つの柱で再整理されているが，このことは総合学習においても同様である。

　総合学習においては，学習指導要領が定める第1の目標を踏まえて各学校が目標や内容を設定するという総合学習の特質から，各学校が評価の観点を設定するという枠組みが維持されている。一方で，各学校が目標や内容を定める際には，学習指導要領において各学校で定める目標として示された以下について考慮する必要がある。

【各学校において定める目標】
　各学校において定める目標については，各学校における教育目標を踏まえ，総合的な学習の時間を通して育成を目指す資質・能力を示すこと。　　　　　　　　　（第2の3(1)）

国立教育政策研究所「『指導と評価の一体化』のための学習評価に関する参考資料（小学校　総合的な学習の時間）」より引用

　総合学習においては，他教科等と同様に目標に準拠した評価を実施することが求められており，指導と評価は一体のものとして捉えることが大切である。したがって，各学校では目標の実現に資する内容を「三つの柱」に即して定めることによって，効果的に目標の実現に向かう学習活動が展開されるようにすることが必要である。以下の記載事項などを参考に，児童生徒が主体的・対話的に学習に取り組み，深い学びにつながる内容が定められることを期待したい。

30

【各学校において定める内容】
・探究課題の解決を通して育成を目指す具体的な資質・能力については，次の事項に配慮すること。
　ア　知識及び技能については，他教科等及び総合的な学習の時間で習得する知識及び技能が相互に関連付けられ，社会の中で生きて働くものとして形成されるようにすること。
　イ　思考力，判断力，表現力等については，課題の設定，情報の収集，整理・分析，まとめ・表現などの探究的な学習の過程において発揮され，未知の状況において活用できるものとして身に付けられるようにすること。
　ウ　学びに向かう力，人間性等については，自分自身に関すること及び他者や社会との関わりに関することの両方の視点を踏まえること。

国立教育政策研究所「『指導と評価の一体化』のための学習評価に関する参考資料（小学校　総合的な学習の時間）」より引用

2. 内容のまとまりごとの評価規準を作成する際の基本的な手順

　総合学習における，単元などの「内容のまとまり」ごとの評価規準を作成する際の基本的な手順は以下のとおりである。

---

①各学校において定めた目標（第2の1）と「評価の観点及びその趣旨」を確認する。
②各学校において定めた内容の記述（探究課題ごとに作成した「探究課題の解決を通して育成を目指す具体的な資質・能力」）が，観点ごとにどのように整理されているかを確認する。
③【観点ごとのポイント】を踏まえ，「内容のまとまりごとの評価規準」を作成する。

国立教育政策研究所「『指導と評価の一体化』のための学習評価に関する参考資料（小学校　総合的な学習の時間）」より引用

　ここまで述べてきたことから，総合学習の内容は，「目標を実現するにふさわしい探究課題」及び「探究課題の解決を通して育成を目指す具体的な資質・能力」を各学校が定めることが求められていることが明らかになった。つまり，「何を学ぶか」と，それを通して「どのようなことができるようになるか」ということを各学校が具体的に設定するということであり，これは，他教科等にない大きな特徴の一つである。
　しかし，総合学習では，いかに周到に単元計画を作成しても，教師が想定した以上の児童生徒の発想や，追究の姿が見られることがある。また，児童生徒の探究の方向性や課題の捉え方に教師の想定とのずれが生じて，計画通りに展開しない場合や，育成を目指す資質・能力の高まりが見られない場合がある。

あるいは，児童生徒の取組や思考が停滞して，次の段階へ進むことが困難になることもある。

そこで，児童生徒の探究の様子や意識の流れ等を常に捉え，当初作成した年間指導計画や単元計画を随時見直し，修正をしていくことが必要になる。また，単元計画の変更に伴い，授業時間の面でも弾力的な運用が求められる。

総合学習ではその目標を実現するためには，児童生徒の学習活動が主体的に連続していくように，適宜，可能な指導や支援を想定し，授業を実施する。つまり児童生徒の思考や活動がなるべく中断されずに，自己の学びを振り返ることができるような探究的な学習活動の区切りを見極めていく必要がある。そのためには，単位時間の設定においてはその活動目的に応じて，単位時間の弾力化が求められる。

ほかにも，活動の目的や方法，内容が変更された場合には年間指導計画を見直し，改めて関連する教科等の内容がないかを検討し，児童生徒の学びの必要感や必然性に基づいて位置付けたり，新たに児童生徒の思考や活動を深める専門家や関連機関等との連携も視野に入れて教材研究し直したりすることが必要になる。この点において，総合学習は他教科等にはない，柔軟な指導計画の作成・運用・改善ができるという特徴をもっているのである。

課　題

1. 社会全体の持続可能性を維持するために，社会の様々な分野の方々から学校に対して，学習内容に加えてほしいと要望されている事柄にはどのようなものがありますか。具体的な事例を挙げなさい。
2. 総合学習の目標を効果的に実現するためには適切な全体計画を作成することが重要です。【表2-1】に示された事項を盛り込んで，地域や学校の特色に応じた課題を探究する，簡単な全体計画を作成しなさい。

参考文献

朝倉淳・永田忠道編著『総合的な学習の時間・総合的な探究の時間の新展開』学術図書，2019年

加藤幸次著『教科等横断的な教育課程編成の考え方・進め方─資質・能力（コンピテンシー）の育成を目指して─』黎明書房，2019年

田村学編著『小学校新学習指導要領の展開　総合的な学習の時間』明治図書，2017年

文部科学省『小学校学習指導要領（平成29年告示）解説　総合的な学習の時間編』東洋館出版社，

　2018年

文部科学省『中学校学習指導要領（平成29年告示）解説　総合的な学習の時間編』東山書房，
　2018年

文部科学省『高等学校学習指導要領（平成30年告示）解説　総合的な探究の時間編』学校図書，
　2019年

総合学習に求められる今日的な教師像とは

　総合学習を指導するに当たり，教師には，「学習指導の基本的な考え方」を理解していること，「『主体的・対話的で深い学び』につながる教材研究」ができること，「持続可能な社会の担い手としての自覚」をもつことが求められる。これらの資質・能力を，総合学習の指導を通して児童生徒と共に身に付けていくことのできる教師こそが，総合学習に求められる今日的な教師像である。

キーワード　主体的・対話的で深い学び　考えるための技法　持続可能な社会

　本章では，総合学習の指導計画を作成し，実践・評価する教師に求められる力を「学習指導の基本的な考え方の理解」，「『主体的・対話的で深い学び』につながる教材研究」，「持続可能な社会の担い手としての自覚」の3点から考察することとしたい。

第1節　学習指導の基本的な考え方の理解

1. 児童生徒の主体性を重視できる教師

　総合学習では，児童生徒の関心や疑問が単元の源であり，単元計画を作成する際の出発点でもある。したがって，児童生徒の主体性を重視できる力量を持った教師が必要とされている，と捉えることができよう。

　では，児童生徒の関心や疑問をどのように捉え，単元計画につなげていけばよいか。そこには，三つの留意すべき点がある。

　第一に，児童生徒の関心や疑問は，その全てを本人が意識しているとは限ら

ず，無意識の中に存在している部分も多いと捉えることである。

　主体的で粘り強い課題の解決や探究的な学習活動を生み出すには，その出発点である児童生徒の関心や疑問が，本人にとって切実なものであることが重要である。しかし，何が自分にとっての関心や疑問であるか，児童生徒が十分に自覚できていなかったり，適切に言語化できていなかったりすることも多い。興味・関心をもっていること，取り組んでみたいことなどについて，児童生徒が話したことや書いたことのみを頼りに単元を計画してもうまくいかないのは，このためである。

　そこで，単元の計画に際しては，児童生徒の関心や疑問は何かを丁寧に見取り，把握することが教師には求められる。具体的には，日常生活の中での語りやつぶやき，日記やその他の日常生活の記録，保護者から寄せられた児童生徒の様子など，児童生徒の関心や疑問がうかがえる各種の資料を収集し，精査することが考えられる。あるいは，休み時間や給食の時間など，日常の何げない機会を捉え，児童生徒と丁寧に会話する機会を設ける工夫なども有効である。会話の中で自分の考えや思いを語り，無自覚だった関心や疑問を児童生徒自身が自覚することもある。

　第二に，児童生徒の関心や疑問とは，児童生徒の内に閉ざされた固定的なものではなく，環境との相互作用の中で生まれ，変化するものと捉えることである。

　今現在，児童生徒が抱いている関心や疑問は，過去や現在における児童生徒を取り巻く環境との相互作用の中で生まれてきたものである。そして，今後も様々な相互作用を通して変化していく。

　このように考えると，事前に児童生徒が抱いている関心や疑問だけで単元計画を構想する必要はない。教師の働きかけなどにより，新たな関心や疑問が芽生える可能性も十分あるからである。そうやって新たに生まれた関心や疑問をよりどころに活動を組織し，単元を生み出すことも含めて考えることができる教師は，単元計画の選択肢が広がるであろう。例えば，体験を通して児童生徒に新たな関心や疑問が生じることは十分考えられるし，それを意図して特定の体験を設定することは，教師の意図的で計画的な指導の一環である。あるいは，もっと直接的に「こんなことをしてはどうだろう」と具体的な活動を提案してもよい。児童生徒だけでは思いつかないが，教師に提案されれば是非ともやってみたいと思う活動もありえるからである。

　第三に，児童生徒にとって切実な関心や疑問であれば何を取り上げてもよい

というわけではなく，総合学習において価値ある学習に結び付く見込みのある
ものを取り上げ，単元を計画することである。

　教師が選択して取り上げるという点について，児童生徒の関心や疑問に十分
に応えることにならないのではないか，との疑念をもつかもしれない。しかし，
総合学習において，児童生徒の関心や疑問を大切にし，それをよりどころとし
て学習活動を生み出すのは，その先で価値ある学習を実現するためである。そ
のためには，何でもよいというわけにはいかない。

　また，児童生徒の興味・関心は一つではない。第二の留意点で述べた通り，
尋ねれば児童生徒は一つの関心事を挙げるかもしれないが，それが唯一の関心
でも，興味の全てでもない。今現在，児童生徒が興味をもつことや関心を寄せ
るものなどはたくさんあり，さらに周囲の環境との相互作用の中で新たな関心
や疑問は生まれてくるものである。大切なのは，教師が教育的な意図で選択し
て取り上げたものが，児童生徒にとっての関心や疑問につながっていることで
はないだろうか。

2. 児童生徒の望ましい変容の姿を想定できる教師

　総合学習においては，児童生徒の探究課題に対する考えを深め，資質・能力
の育成につながる探究的な学習となるように，教師が適切な指導をすることが
大切である。そのためには，児童生徒の望ましい変容の姿を想定できる教師が
求められる。

　前述のとおり，原則としては児童生徒のよさや可能性を引き出し，それを支
え，伸ばすことが重要である。そこでは，児童生徒の主体的な取組を重視する。
しかし，それだけでは学習の広がりや深まりは期待できない。そこで，次項で
述べる適切な教材が用意されていることが大切であり，さらに，探究的な学習
として展開していくように，教師が指導性を発揮することが重要である。どの
ような体験活動を仕組み，どのような話合いを行い，どのように考えを整理し，
どのようにして表現し発信していくかなどは，まさに教師の指導性にかかる部
分であり，児童生徒の学習を活性化させ，発展させるためには欠かせない。こ
うした教師の指導性と児童生徒の自発性・能動性とのバランスを保ち，それぞ
れを適切に位置付けることが，豊かで質の高い総合学習を生み出すことにつな
がるであろう。

　そのためには，児童生徒の状況や教材の特質に応じて，教師がどのような意

図をもって学習を展開していくかが問われる。学習を展開するに当たって，教師自身が明確な考えをもち，期待する学習の方向性や，児童生徒の望ましい変容の姿を想定しておくことが大切である。児童生徒の望ましい変容の姿を想定しておくことで，学習状況に応じた適切な指導も可能になるのではないだろうか。

3. 具体的で発展的な教材を活用できる教師

　総合学習の学習指導を充実させるために，教師には，十分な教材研究を行った上で，具体的で発展的な教材を活用できるだけの力量が求められる。

　総合学習においては，児童生徒にとって意味のある課題の解決や探究的な学習活動のまとまりを基に単元を構成するため，その活動の過程において取り扱う内容は一つとは限らない。一つの単元の中で複数の内容が見込まれることも考えられる。したがって，教材研究においても，できるだけ幅広く，拡散的に思考を巡らせていくことが重要である。その上で，身近にある具体的な教材，発展的な展開が期待される教材を用意することが大切である。

　それでは，具体的にはどのような教材を活用することが教師には求められているのだろうか。次の4点に整理されよう。

　第一には，児童生徒の身近にあり，観察したり調査したりするなど，直接体験をしたり繰り返し働きかけたりすることのできる具体的な教材であることである。

　総合学習では，探究的な学習の過程に体験活動を適切に位置付けることが重要であり，そうした中で行われる全身を使った対象の把握と情報の収集が欠かせない。総合学習においては，間接的な体験による二次情報も必要ではあるが，より優先すべきは，実物に触れたり，実際に行ったりするなどの直接体験であることはいうまでもない。

　第二には，児童生徒の学習活動が豊かに広がり，発展していく教材であることである。児童生徒は，実社会や実生活とのつながりのある具体的な活動や体験を行うことによって意欲的で前向きな姿勢となる。そのため，一つの対象から，次々と学習活動が展開し，自然事象や社会事象へと多様に広がり，学習の深まりが生まれることが大切である。また，生活の中にある教材であっても，そこから広い世界が見えてくるなど，身近な事象から現代社会の課題等に発展していくことが期待される。

　第三には，実社会や実生活について多面的・多角的に考えることができる教材であることである。身近な事象や現代社会の課題等には，様々な捉え方や考え方ができるものがあり，それらについて特定の立場や見方に偏った取扱いがされているような教材は適切ではない。

　そして第四には，ICTを適切かつ効果的に活用して教材研究をし，授業で活用できるICT教材を提供することである。

　児童生徒を取り巻く現代社会の日常生活において，コンピュータや携帯電話，スマートフォン，タブレット型端末などの情報機器の普及が目覚ましく，インターネットをはじめとする情報通信ネットワークへのアクセスも容易になっている。

　また今後の技術革新の進展に伴い，情報機器の機能の高度化や情報通信ネットワークの高速化などが進むことが予想される。このように「いつでも」，「誰でも」，「どこででも」，「瞬時に」多様な情報を得たり情報を発信したりできる時代を生きる児童生徒には，コンピュータや情報通信ネットワークを，またそこから得られる情報を，適切かつ効果的に，そして主体的に選択し活用する力を育てることが求められている。学校においても，情報機器ならびに情報通信ネットワークへの入り口となる校内LAN，Wi-Fi環境などの整備が進められつつある。

　総合学習では，児童生徒の探究的な学習の過程において，コンピュータなどの情報機器や情報通信ネットワークを適切かつ効果的に活用することによって，より深い学びにつなげるという視点が重要である。教師は，現在の限られた情報通信ネットワーク環境の中でもできることを行いつつ，近い将来，児童生徒の家庭と学校がオンラインでつながるという環境整備が十分になされた先を見据え，不断に教材研究を進めていく意欲をもつことが大切なのではないだろうか。

第2節　「主体的・対話的で深い学び」につながる教材研究

1. 探究的な学習過程を構築できる教師

総合学習は，他教科等と同様に，おおむね「単元の目標の設定」，「単元の評価

規準の作成」、「指導と評価の計画の作成」、「授業の実施」、「総括し，次年度に向け，よりよい年間指導計画及び単元計画の作成」の流れで実施される。

　総合学習の年間指導計画及び単元計画の作成に当たっては，前年度に教育課程の見直しを行っておくことが必要である。前年度の学習活動の様子と，校内をはじめとする当該学年の過去の実践事例を基に，全体計画を参照し，学習活動や育成を目指す資質・能力の実現を中心に計画を立案し，見通しをもって新年度を迎えたい。年間指導計画と単元計画は相互に関連しており，その作成作業の実際においては，両者を常に視野に入れ，それぞれの計画を作成することが大切である。

　一方で，実際に児童生徒を目の前にし，児童生徒と話し合いながら総合学習における学習活動を決めたい，という考え方もある。また，新年度当初から一定の時間をかけて児童生徒と共に学習活動の計画を立てていくこと自体を重要な学習の機会と位置付け，適切に実施する中で，資質・能力を育成してきた事例もある。

　こうした場合においても，前年度の学習活動の様子や校内をはじめとする当該学年の過去の実践事例を基に，育成を目指す資質・能力を中心に計画を立案し，見通しをもって新年度を迎えることが大切である。実際に指導する児童生徒について，前の学年での学習活動や取組の様子を事前に把握するために，前年度の担任や授業担当者と積極的にコミュニケーションを図ることができる力量も，教師にとっては大切な資質・能力である。

　各学校において，周到な計画や十分な見通しをもつことで，目の前の児童生徒の思いや願いに丁寧かつ迅速に対応できるのではないだろうか。

2. 多様な情報を収集・分析できる教師

　これからの時代を生きる児童生徒にとっては，多様で複雑な社会において円滑で協働的な人間関係を形成する資質・能力が求められる。このような資質・能力は，国や地域を超えて常に重要であり，児童生徒の前に教師にこそ必要な資質・能力であるといえよう。総合学習において探究的な学習を協働的に行うことは，その資質・能力を育成する場としてふさわしい。

　協働的に課題解決を行う際には，各教科等で身に付けた知識及び技能や思考力，判断力，表現力等を活用できるようにすることに留意するとともに，考えを可視化するなどして児童生徒同士で学び合うことを促すなどの授業改善の工

夫が必要である。それによって，思考を広げ深め，新しい考えを創造する児童生徒の姿が生まれるものと考えられる。

　また，収集した情報を分析するとは何をすることなのか，教師自身が具体的なイメージをもち，児童生徒に伝えられるようになることも，教師として大切なことである。言語により分析し，まとめたり表現したりする学習活動を行う総合学習の探究的な学習活動の過程において，体験したことや収集した情報を取り入れ，自らの学びを意味付けたり価値付けたりして自己変容を自覚し，次の学びへと向かうために特に大切にすべきことである。

　実際の学習活動では「考えるための技法」を活用し，集めた情報を共通点と相違点に分けて比較したり，視点を決めて分類したり，体験したことや収集した情報と既有の知識とを関連付けたり時間軸に沿って順序付けたり，理由や根拠を示したりすることで，情報を分析し意味付けることなどが多い。また言語により分析する対象には，観察記録やインタビューデータといった質的なものに加えて，アンケートなどにより収集した量的なデータも含まれる。

　「考えるための技法」とは，この例のように，考える際に必要になる情報の処理方法を，「比較する」，「分類する」，「関連付ける」のように具体化し，技法として整理したものである。総合学習が，各教科等を超えて全ての学習における基盤となる資質・能力を育成することが期待されている中で，こうした教科等横断的な「考えるための技法」について，探究的な過程の中で学び，実際に活用することも大切であると考えられる。

　「考えるための技法」を活用するということは，自分が普段無意識のうちに立っていた視点を明確な目的意識の下で自覚的に移動することによって，同じ事物・現象に対して別な意味の発見を促し，より本質的な理解や洞察を得るという学びである。この共通性に児童生徒が気づき，対象や活動の違いを超えて，視点の移動という「考えるための技法」を身に付け，その有効性を感得し，様々な課題解決において適切かつ効果的に活用できるようになることが望まれる。

　とりわけ，他教科等と異なり，総合学習では，どのような「考えるための技法」が課題解決に有効であるのかが，あらかじめ見えていないことが多い。他教科等の特質に応じて存在している「考えるための技法」を児童生徒がより汎用的なものとして身に付け，実社会・実生活の課題解決において課題の特質に応じて「考えるための技法」を自在に活用できるようになるには，総合学習において，どのような対象なり場面の，どのような課題解決に，どのような理由

で，どのような「考えるための技法」が有効なのかを考え，実際に試し，うまくいったりいかなかったりする経験を積むことが大切になってくる。そのためには，他教科等で育成を目指す資質・能力を押さえ，それらとの関連を意識して，総合学習の目標及び内容の設定を工夫することが重要になってくる。こうした形で，総合学習は，教科等横断的なカリキュラム・マネジメントにおいて重要な役割を果たしていくのである。

　次に示す，教材研究や学習活動で活用することのできる「考えるための技法」の例などを参考にして，多様な情報を効果的に収集・分析できるようになることを期待したい。

○順序付ける
　・複数の対象について，ある視点や条件に沿って対象を並び替える。
○比較する
　・複数の対象について，ある視点から共通点や相違点を明らかにする。
○分類する
　・複数の対象について，ある視点から共通点のあるもの同士をまとめる。
○関連付ける
　・複数の対象がどのような関係にあるかを見付ける。
　・ある対象に関係するものを見付けて増やしていく。
○多面的に見る・多角的に見る
　・対象のもつ複数の性質に着目したり，対象を異なる複数の角度から捉えたりする。
○理由付ける（原因や根拠を見付ける）
　・対象の理由や原因，根拠を見付けたり予想したりする。
○見通す（結果を予想する）
　・見通しを立てる。物事の結果を予想する。
○具体化する（個別化する，分解する）
　・対象に関する上位概念・規則に当てはまる具体例を挙げたり，対象を構成する下位概念や要素に分けたりする。
○抽象化する（一般化する，統合する）
　・対象に関する上位概念や法則を挙げたり，複数の対象を一つにまとめたりする。
○構造化する
　・考えを構造的（網構造・層構造など）に整理する。

『小学校学習指導要領（平成29年告示）解説 総合的な学習の時間編』pp. 84-85，2018年より引用

3. 異なる視点から考え，協働的に学ぶ過程を構築できる教師

　総合学習においては，探究的な学習の過程を質的に高めていくことを心掛けなければならない。そのためには，以下の3点に留意し，異なる視点から考え，協働的に学ぶ過程を構築できる教師であることが求められる。

　第一は，他者と協働して課題を解決しようとする学習活動を構築することである。

　ここでは，「他者」を幅広く捉えておくことが重要である。共に学習を進めるグループだけでなく，学級全体や他の学級あるいは学校全体，さらには地域の人々，専門家など，また価値を共有する仲間だけでなく文化的背景や立場の異なる人々をも含めて考える。協働的に学習することの目的は，グループでよりよい考えを導き出すことに加えて，一人ひとりがどのような資質・能力を身に付けるかということにあるのである。

　第二には，他者から多様な情報を収集できるように学習活動を構築することである。様々な考えや意見，情報をたくさん入手することは，その後の学習活動を推進していく上で重要な要素である。多様な情報があることで，それらを手掛かりに考えることが可能になり，自己の考えを広げ深める学びが成立する。

　第三には，よりよい考えが作られるように支援することである。多様なアイデアや視点を組み合わせる等の相互作用の中で，グループとして考えが練り上げられると同時に，個人の中にも新たな考えが構成されていくのである。

　他者と協働して学習活動を進めるには，互いのコミュニケーションが欠かせない。自分の思いなどを相手に伝えるとともに，相手の思いなどを受け止めることも求められる。これらによって，双方向の交流が質の高い学習活動を実現する。そして，これらのプロセスを通じて，個別の知識及び技能が目的や状況に応じて活用され，生きて働くものになり，未知の状況に対応できる思考力，判断力，表現力等や学びに向かう力，人間性等が育成されるのである。まずは，教師自身がこのような資質・能力を身に付けていきたい。

第3節　持続可能な社会の担い手としての自覚

1．社会や世界の状況を幅広く視野に入れることのできる教師

　新教育課程では，「よりよい学校教育を通じてよりよい社会を創る」という目標を学校と社会が共有し，連携・協働しながら，新しい時代に求められる資質・能力を児童生徒たちに育む「社会に開かれた教育課程」の実現が目指されている。各学校でこのような教育課程のグランドデザインを描く際，要となるのが総合学習であることは前章で述べた。

　今回の学習指導要領改訂の背景には，日本における人口減少社会の到来，グローバル化，情報化の急速な進行など，予測困難な未来社会にあって一人ひとりが持続可能な社会の担い手として，質的な豊かさを伴った個人と社会の成長につながる新たな価値を生み出していくことへの期待があった。こうした変化の一つとして，人工知能（AI）の飛躍的な進化を挙げることができる。人工知能が自ら知識を概念的に理解し，思考し始めているともいわれ，雇用の在り方や学校において獲得する知識の意味にも大きな変化をもたらすのではないかとの予測も示されている。このことは同時に，人工知能がどれだけ進化し思考できるようになったとしても，その思考の目的を与えたり，目的のよさ・正しさ・美しさを判断したりできるのは人間の最も大きな強みであるということの再認識につながっている。

　このような時代にあって，総合学習を担当する教師には，児童生徒が様々な変化に積極的に向き合い，他者と協働して課題を解決していくことなど，どのような時代であっても変わることなく必要な資質・能力を身に付けることができるように，その背景となる社会や世界の状況を幅広く視野に入れておくことが求められているのではないだろうか。

2．社会や世界に向き合い関わり合おうとする教師

　第1章で述べられたことであるが，現在国際連合の持続可能な開発目標（SDGs）への関心が高まっている。これは，17の目標からなるSDGsの特徴である，参加型の目標策定プロセスと大いに関わりがある。また，「誰一人取り残さない」という包摂的な理念を掲げて，持続可能な社会の形成に向け諸課題

の解決を目指している点とも大いに関わりがある。

図3-1　SDGsの17の目標

外務省・日本ユニセフ協会作成：中学生向けの副教材「私たちがつくる持続可能な世界—SDGsをナビにして—」
p. 1，2018年より引用

　　また，SDGsは地球規模の大きな課題だけでなく，身近な地域の課題を含め広範な課題の解決を目指しているため，児童生徒にとっても「自分事」として捉えやすく，探究的な学習を通して課題を解決したいという意欲が喚起されやすい。したがって，探究的な学習過程を構築する教師自身が，これまで蓄積されてきたESDの実践の成果やSDGsに関心をもつなど広い視野に立って，社会や世界に向き合い関わろうとすることが，まずもって大切となるのではないだろうか。

3．総合学習の目指すところを社会と共有・連携しようとする教師

　　総合学習の学習指導を通して，学校がその目的を達成するためには，家庭や地域の人々とともに児童生徒を育てていくという視点に立ち，家庭，地域社会との連携を深め，学校内外を通じた児童生徒の生活の充実と活性化を図ることが大切である。また，学校，家庭，地域社会がそれぞれ本来の教育機能を発揮

し，全体としてバランスのとれた教育が行われることが重要である。

　こうした取組を進めるに当たっては，総合学習や特別活動などを有意義に活用するとともに，学校は行政の人々も含め様々な分野の専門家，専門機関の協力を求めたり，地域社会や学校外の関係施設や団体で働く人々と連携したりして，積極的に交流を進めていくことが大切である。

　総合学習においては，「課題を設定する」，「情報を収集する」，「情報を整理・分析する」，「まとめ・表現する」というプロセスを繰り返しながら探究的な学習を発展させていく。これらのプロセスにおいて情報機器や情報通信ネットワークを有効に活用することによって，探究的な学習がより充実するとともに，児童生徒にとって必然性のある探究的な学習の文脈でそれらを活用することにより，情報活用能力が獲得され，将来にわたり全ての学習の基盤となる力として定着していくことが期待される。このことは，持続可能な社会の担い手としての自覚をもつことにつながり，よりよい人生，よりよい社会を築いていくことにもつながっているといえよう。

　以上述べてきたように，総合学習においては広汎かつ多岐にわたる資質・能力を身に付けた教師が求められている。しかし，最初からこれらの資質・能力を全て身に付けている教師は皆無なのではないだろうか。本章で述べてきた，総合学習を計画・実践する教師に必要とされる資質・能力は，総合学習を学ぶ児童生徒に身に付けさせたい資質・能力と軌を一にしているのである。

　総合学習の指導を通して児童生徒と共に成長していくことのできる教師こそが，今日的な教師像といえるのではないだろうか。

課　題

1. 教師が総合学習の教材研究を進める際，「主体的・対話的で深い学び」が実現されるように学習過程を構築することは大変重要です。児童生徒の関心や疑問が引き出される教材の例をいくつか挙げなさい。
2. 総合学習を指導する教師が，持続可能な社会の担い手として，社会や世界の状況を幅広く視野に入れ，向き合い関わろうとするために必要な行動とはどのようなものでしょうか。説明しなさい。
3. 「社会に開かれた教育課程」を実現するために，学校外の専門家や専門機関と連携・協働する場合，あなたは誰／どの機関に協力を仰ぎますか。また，それはどのような教育効果をねらったものですか。第2章で作成した全体計画に基づいて考察しなさい。

参考文献

朝倉淳・永田忠道編著『総合的な学習の時間・総合的な探究の時間の新展開』学術図書，2019年

外務省・日本ユネスコ協会（作成）「私たちがつくる持続可能な世界—SDGsをナビにして—」2018年
　〈https://www.mofa.go.jp/mofaj/gaiko/oda/sdgs/pdf/sdgs_navi.pdf〉〈アクセス2020年6月1日〉

加藤幸次著『教科等横断的な教育課程編成の考え方・進め方—資質・能力（コンピテンシー）の育成を目指して—』黎明書房，2019年

佐藤真久・関正雄・川北秀人著『SDGs時代のパートナーシップ』学文社，2020年

田村学編著『小学校新学習指導要領の展開　総合的な学習の時間』明治図書，2017年

文部科学省『小学校学習指導要領（平成29年告示）解説　総合的な学習の時間編』東洋館出版社，2018年

文部科学省『中学校学習指導要領（平成29年告示）解説　総合的な学習の時間編』東山書房，2018年

文部科学省『高等学校学習指導要領（平成30年告示）解説　総合的な探究の時間編』学校図書，2019年

Ⅱ　総合学習の地域に根差した実践

総合学習の新しい授業アプローチ
―学区のフィールドワークを活用した
島の環境と観光の学びから―

　沖縄県の石垣市（石垣島）の小学校で実施した出前授業をもとに，思考ツールやフィールドワークを加味した総合学習の授業アプローチを紹介する。石垣市はクルーズ船の来航や新空港の開設に伴い，観光客が急増し環境負荷が問題になってきている。しかし，有名な景勝地だけでなく島には観光客に未だ知られていない一般住宅の庭に栽培されている命草（ぬちぐさ）と呼ばれる有用植物（ハーブ類）や柑橘類が生えている。さらに日本最南端の寺院・桃林寺（とうりんじ）境内に権現堂という美術価値も高い木彫りの彫刻を備えた文化財もある。特色ある庭や文化財は街中に点在しており，「まちまーい」（町巡り）と呼ばれる歩く観光が楽しめる。地域観光の担い手に将来成長する島の子どもたちに地域に根差した自然と文化を資源として活用し，実際に学区を歩いてまわる体験学習を通して児童自身の新たな価値の気づきや自文化理解を促すことは重要であろう。

キーワード　思考ツール　地域資源　栽培植物　文化財　観光教育

第1節　島の環境と観光の動向

　「日本最南端の自然文化都市」このキャッチフレーズに違わず，今や年間の観光客入域数が130万人を超すようになった沖縄県石垣市（人口約5万人）は，八重山諸島の主島，石垣島と同じ行政範囲であり，国内では屈指の観光地となっている。石垣島の地理的位置からも東アジアからの訪日観光客がとりわけ顕著になっており，毎週のように着岸する大型クルーズ船から何千人という観光客が下船している。日本人観光客も中高年を中心に団体で訪れるケースも見られ，

八重山観光のブームが続いている。この変化を教育関係者はどのように受けとめ，これからの観光地としての将来像をどのように頭に描いているだろうか。豊かな自然景観や島の食材を使った料理，舞踊や織物などの伝統文化，さらに体験・滞在型の観光など，ESDに立脚した総合学習教材として価値ある学習材が豊富な割には，小中学校において環境と観光の学びが推進されているわけでもない。これからの島の未来に向けて，環境を守り，世界の観光地と肩をならべていくには次世代の育成が不可欠である。

　本章では総合学習の新しい授業アプローチとして筆者が実践した内容を紹介しつつ，フィールドワークを介した環境と観光の学びを提案したい。実践に当たって筆者が当地の観光教育ビジョンを思い描き，以下の3点を島の教育関係者に向けて提示した。

・八重山の自然と文化を尊重できる子ども
・観光にかかわる産業について理解ができる子ども
・訪問者が八重山ならではの豊かな時間を楽しめるために自分に何ができるか
　考える子ども

　この3点を目指して総合学習として環境と観光の学びを展開することで，沖縄県や石垣島の魅力が再発見され，故郷に愛着や誇りの持てる子に育つことにつながるだろう。また，産業としての観光やそれに関わる人々への理解を深め，将来の観光や関連産業の担い手を育てるねらいもある。

第2節　島の観光資源と「観光のまなざし」

1．八重山観光の魅力

　石垣市の観光資源を論じる前に，観光を取り巻く動向について考えてみたい。令和元年度に沖縄県には946万人もの観光客が訪れている。これらの観光の動きを教育界でも活かしたい。社会の変化に敏感な教師たちによって，次世代の地域人材である子どもたちに対して，観光による持続的な地域の発展に寄与できる「観光のまなざし」を育成できるのではないだろうか。「観光のまなざし」の要素として観光客の求めが理解できているか否かは重要である。自分が旅行先に行ったときに「困ること」「食べたいもの」「見たいこと」「事前に知って

おきたい情報」「その地でしか体験できないこと」などのニーズやウォンツの逆を思考できることこそ，大事である。

　グリーン（ブルー）・ツーリズムという観光がある。都市から農漁村に出かける滞在型の旅である。受け入れが成功している地域では，必ず人と接することに長けた人材が住んでいる。困ったことに，人と多くは接触しない農・漁業とは180度対極に位置するのが，観光産業である。だからこそ，これからは農漁村でこそ人の気持ちがわかり，呼び込む努力が欠かせない。また，沖縄県八重山のような離島の特性を生かした観光は，地方創生のためにも，その担い手を地元において育成することが急務である。島のリゾートホテルで働く人材が，地元からでなく県外からの移住者によって占められつつある傾向は実に惜しい。

　真っ先に取り組まなくてはならないのは，地元ならでは資源の再発見や価値を新たに創り出すことのできる人材を育成することである。公教育においてそれを実施するとすれば，「総合的な学習の時間」や特別活動の領域が最も適している。内容教科としては社会科や国語科，外国語教育，家庭科教育が担うべきで，小学3・4年の社会科単元「ものを生産する仕事」「ものを売る商店の工夫」「昔から受け継ぐ年中行事」「わたしたちの県の特産品」「外国とつながる地域」は，いずれも観光を内容理解に介在させた方が前向きになる。5年社会科単元「暮らしを支える情報」「環境を守る」も総合と教科横断的な単元を組み，観光情報やエコツーリズムを扱えば断然面白くなる。中学校に至っては社会科地理的分野や公民的分野に「日本の諸地域」や「まちづくり」の単元がある。職場体験実習とあいまって地元の観光産業と地域づくりをプロジェクト・ベース・ラーニング（PBL）として学べる。

　次ページの表4-1は，農漁村地域で発見できる資源とその観光教育的価値を整理したものである。つまり，観光という光で地域を照らすことで，資源を観るまなざしを獲得できるようになる。

　こうした観光の動向を見据えつつ，石垣市の中心市街地の魅力を振り返れば，豊かな屋敷林と隆起サンゴ礁から採集された珊瑚の石垣や粟石に囲まれた古風な住宅街が広がっており，その中に歴史的な名所・文化財や共同井戸が存在している。また，パパイヤや長命草，オオタニワタリ，ニガナ，月桃，グァバなど八重山特有の植物が個人庭や菜園に生えており，ハーブ（香草）の街としての魅力にも富んでいる。これらの「命草」とも呼ばれる植物に囲まれた生活様式は，健康や暮らしの快適さへの関心が強い本土の都市圏に住む高齢者が憧れ

表4-1　農漁村で発見できる資源とその教育的な価値

地域にある資源	具体的な要素（学習材）	観光教育的な価値
田園・里海景観	灌漑水路，屋敷林，棚田，浜と魚付林	故郷，癒し，くつろぎ
伝統的な建造物	神社，古民家，散居村，防風石垣	レトロ，素朴さ，本物
お祭りや年中行事	収穫祭，鳥追い，どんど焼き，海神祭	受け継ぐ意識，人手，自然の叡智
安心安全な食	郷土料理，山の幸・海の幸，特産品，地元のソウルフード	食育，土・海とのつながり
農漁村の生活	有機農業，生活リズム，地場産業	健康，自然の恵みへの感謝
新しい農業・漁業	体験農業，ガーデニング，ハーブ園，栽培漁業，体験漁業	西欧風の趣味，都市との交流，原体験

るスタイルでもある。

　一方，これまで，ともすれば石垣市の観光は景勝地見物だけに力点がおかれ過ぎていた。景勝地は曇りや雨天の際，その魅力を発揮できない。したがって，雨天の場合でも観光客が石垣市固有の魅力を楽しんでもらう一種の「しかけ」が不可欠である。その一つの工夫としてホテルから容易に散策できる市街地内の観光ルート（石垣まちまーい）を開発・啓発すべきと提言できる。折しも，JTA機内誌『コーラルウェイ』2015年11・12月号は「まちまーい」特集号であった。「まちまーい」とはまち歩きのことである。その中に紹介されている石垣島まちなか散策ツアーの紹介文は，次のような文章である。

　「ガイドとともに市場からユーグレナモールを通り，古くからの住宅街を歩いていく。琉球王国時代の士族の屋敷である宮良殿内や桃林寺，権現堂といった有名ポイントも訪ねるが，何よりも歩くだけで発見があって面白い。まず驚くのは，地元で大切にされている聖なる場所『御嶽』と井戸の多さ。民家の玄関先からこぼれ出る花々の美しさにも目を奪われる。花だけではない。グァバやバナナ，アセロラといった果実も民家の庭でたわわに実っている」（p18より抜粋）。まさに，石垣市街地こそ，亜熱帯で楽しむまち観光の醍醐味が味わえる観光地なのである。民家のお庭めぐりなど，時期を区切ってオープンガーデン観光をしかけていくことが新たな魅力をもたらすきっかけとなるだろう。

　本章は，次世代の観光人材である地元の子どもたちに観光の重要性と主体者

意識を考えてもらう筆者による出前授業の記録を基にしている。観光に関する知識・理解の形成に対しては教科である社会科や国語科が最も貢献できる教科であり，接遇態度や企画立案では，総合的な学習の時間が適している。

2. 石垣島の観光資源

　石垣島は，日本列島の最南端に位置する八重山諸島の中心島である。面積は約222km^{2}あり県内では，沖縄本島，西表島に次いで3番目の大きさを占めている。緯度は北緯24度20分であり，亜熱帯海洋性気候特有の植物が繁茂している。黒潮のミネラルいっぱいの海水が浜に打ち付け，多様な生物を育んでいる。降水量も多く，一日の天気の変化は激しい。秋から冬にかけては乾燥注意報が発令されることもある。天然記念物のカンムリワシ，サキシマハブ，ヨナグニサン，オオゴマダラ，セマルハコガメなど石垣島特有の生物も多く，自然環境の魅力がいっぱいの島でもある。新空港の開港も功を奏し，県外からの移住者も多く，出生率も高いため，人口は漸増を続けている。歴史を紐解けば，1500年のオヤケアカハチの乱や1637年の人頭税制度，1771年の明和大津波災害，1879（明治12）年沖縄県設置，1926（大正15）年石垣村に町制施行，1964（昭和39）年石垣市・大浜町合併などを経て今日に至っている。戦争や災害，マラリア被害など試練を乗り越えてきた歴史がある。1989年のANK（エアーニッポン）就航も観光振興のエポックである。1975（昭和50）年の海洋博覧会以降の沖縄ブームもあいまって，本土化が著しい沖縄本島に比べ，沖縄文化の原形が色濃く残っている八重山諸島は今後とも大きな観光発展の可能性に富んでいる。

　イベントとして1月のマラソン大会に始まり，3月の海開き，4月のトライアスロン大会，7月のみなと祭り，豊年祭，8月のアンガマ，9月のとぅばらーま大会など1年を通して島民が固有の文化を意識する機会が多い。美しい海岸，珊瑚礁，ヤシ林やソテツ，マングローブ林など独特な緑も目に眩しい。素朴で温かい人柄で迎えてくれる島民，三線や島歌，舞踊などを楽しむ音楽の島，ダイビングやサイクリングを一年中楽しめるスポーツアイランドでもある。

3. 総合学習（観光授業）の授業アプローチ

　指導方法につながる総合学習の教育方法論に触れてみたい。観光客が求める楽しみである「自然，食べ物，歴史，生活文化，イベント，施設」の6つは，同時に県スケールの観光資源を調べる窓口にもなる。今回，石垣市立石垣小学

校で筆者は，1クラス計6時間の出前授業を2クラス行った。下の資料は，石垣小学校で実施した冒頭2時間分の指導案である。石垣市の観光統計で判明した「石垣市を訪れた人の数，平成26年は112万人」という数字を児童に提示し，「どうしてこんなに多い数の人が石垣市（八重山地域）を訪れているのか」を学習問題として設定し，考えさせた。児童は案外，自県のよさを客観的には捉えていないものである。実際の授業では，冒頭に「観光」という用語の意味（その土地の光る優れたものを観る）に触れ，先にあげた6つの窓口の言葉を黒板に貼り，島内の具体的な観光地や観光資源と符合させた。

　その後，12月1日は，冒頭，島内の植物について同校元校長の田本氏より

第4学年　総合学習（観光授業）指導案

平成27年11月30日（教室）
12月1日（校外）
授業者　寺本潔（玉川大学）

●本時の目標

　八重山地域の主な観光地やリピーター客が増えている近年の傾向を知り，旅のイラストカード（寺本自作）をヒントに，観光客が楽しめる観光滞在プログラムを作成することができる。また，遠くの川平湾や西表島に行かなくても身近な市街地で観光客に楽しんでもらう新たな観光資源の存在に気づくことができる。

●指導計画（全7時間）

・八重山の観光について考えよう（＊本時11月30日1・2・3・4限）……2時間
・近くの石垣市街地で新たな観光資源を探そう（12月1日2・3限）………2時間
・観光客に紹介するコラージュ作品をつくろう（12月1日5・6限）………2時間
・振り返り作文を書こう……………………………………………………1時間

●本時の展開（4年1組は1・2限，4年2組は3・4限　各2時間続き）

（1時間目）11月30日

	学習活動	指導上の留意点
導入 3分	1．八重山を訪れた訪問客（観光客）が年間112万人と多い事実を知り，何を楽しみに112万人もの観光客（リピーター）が石垣島を訪れるのかについて考える。 ・川平湾のきれいな海を見に来る。 ・マングローブ林が人気らしい。	・「観光」の言葉の意味から，観光客は本土にはない魅力を石垣島に求めているのではないかを補足する。 ・八重山の観光統計や旅行パンフレットを提示し，新空

展開 35分	・竹富島の赤瓦の古い建物を見に行く。 ・ダイビングや釣りにくるのでは？ 2．観光が分かる6つの窓口（自然・食べ物・歴史・生活文化・イベント・施設）を石垣島に当てはめて考える。 　・川平湾・マングローブ・八重山ヤシ林⇨自然　石垣牛のステーキ・八重山そば・フルーツ⇨食べ物　オヤケアカハチの乱・桃林寺・唐人墓⇨歴史　アンガマ・豊年祭・三線・上布⇨生活文化　コンサート・トライアスロン・マラソン大会⇨イベント　リゾートホテル・パンナ公園・ユウグレナモール⇨施設	港ができてぐんぐん伸びている事実に気づかせる。 ・夏場が多いが年中来ている。 ・観光副読本『めんそーれー観光学習教材』のp11を開かせ，リピーター客が8割を占めている事実にも触れておく。 ・タウンガイド掲載の石垣島の略図を提示し，観光地を確かめる。 ・最低，1人1案考える。
まとめ 7分	3．授業者が用意したイラストカードを4人1班で囲み，観光地＋動詞の組み合わせで八重山における観光客の新しい楽しみ方（文章）を考え，ノートに各自書き出す。 　・例）「川平湾で遊覧船に乗り，綺麗な海を見る。ランチに八重山そばを食べてその後，ヤシ林で環境音を聞いてのんびりする。」 　4班で一押しのプログラムを紹介する。	・友だちのアイデアに相づちと感嘆の声をあげるように勧める。 ・班ごとの記入欄を板書で準備する。 ・具体的な観光資源や地名が書かれているか確かめさせる。

（2時間目）

	学習活動	指導上の留意点
導入 10分	1．「まちまーいで沖縄再発見」の写真を見て，何をしている様子か想像する。前時で提示した8割を占めるリピーター客が，一度は行った川平湾や竹富島でなく，まちなかで手軽に観光できる場所はないか考える。もし，自分がガイドさんだったら，どんな場所を「お散歩気分で」観光客に案内したいか，石垣小の近所にある観光資源を考え合う。	・「まちまーい」を特集した機内誌『コーラルウェイ』を提示し，寺本自身の体験談も交えつつ市街地散策が観光客にとって人気があることに気付かせる。 ・寺本が撮影した桃林寺や宮鳥オン，井戸，独特な亜熱帯植物，サンゴの石垣などの画像を見せて，本土からの観光客にとって沖縄らしさを感じる場所であること，観光資源になることに気づかせる。
展開 25分	2．班で相談し案内できる場所を3つか4つ考え合う。 　・いろんな花や樹木もあるよ。 　・宮鳥御や珊瑚の石垣，井戸は石垣らしいのでは？ 　・桃林寺には仁王像が2体いるらしい。	
まとめ 5分	3．普通の家のお庭や敷地に生えている樹木が観光客にとっては珍しいことを知り，次時の校外	

学習で庭見学もあることを知る。 ・パパイヤやハイビスカス，芭蕉も本土にはないから観光客も喜ぶかも？ 4．使い切りカメラを提示し，次時に見学・撮影に行くことを知る。	・一歩前に出て撮る，逆光に気をつけることを補足する。 ・カメラの使い方を解説しておく。

10分程度の講話が行われ，その後3人1組で校外にフィールドワークに出かけ，宮鳥御，お庭見学・桃林寺を回り，撮影し，午後はそれらの写真を組み込んで「おーりとーり（いらっしゃい）石小観光ポスター」を作成した。

4．児童が受け止めた導入授業

　表4-2は総合学習と密接な関係がある4年社会科単元「私たちの〇〇県」の展開を検討したものである。学習指導要領での本単元の位置付けと，筆者も著者として参画している社会科教科書（K社）における展開，さらに観光授業の視点に立った筆者の展開案を比較した。単元「わたしたちの県」（30時間完了）は，従来のように単純に自県の地理的特色について地形や交通，産業等と項目別に学び，自然や伝統を生かした地域の紹介にとどまっているだけでは，上記で指摘した地域人材の育成には寄与しない。この単元を観光単元として組み替え，地域の資源化を志向した学習に転換を図ることで，観光振興を推し進めることのできる地域人材の育成を途途にした授業が実現できる。こうした観光授業の視点に立った展開を採用できれば，従来の項目別に自県の特色を順に学んでいく，いわば地誌的な扱いに比べ，網羅的ではないものの，観光客の目線を子どもたちに意識させることで，自県のよさを子ども自身がいかに把握できていないかに気づかせ，新鮮な気づきを促す展開になるのではと予想される。

　石垣島に暮らす子どもにとって，観光客は日常の風景である。自分が何も努力しないでも勝手に来訪してくれる訪問者であり，受け身で理解している対象といえる。しかし，石垣市の主たる財源が観光である事実に気づき，多くの雇用を生み出している現実を知ることで自分も将来観光を支える人材になりたいと意識できることを期待したい。

　公教育における観光教育によって期待される効果は，観光の大切さを意識し，観光と関わることを通して地域や日本文化を正確に他者に伝えることのできる

表4-2　社会科単元4年「私たちの沖縄県」の展開の比較表

わたしたちの〇〇県 （学習指導要領上の内容）	小単元の配列 （社会科教科書・K社での扱い）	観光教育からの展開案 （授業者の提案）
自県と47都道府県の構成	福岡県の位置と47都道府県の構成	観光客から見た日本の中の沖縄県の位置
わたしたちの県の地形	福岡県内の土地の高い・低い地域について	自県の美しい地形や土地利用からみた観光の魅力
県の様子（交通と人口，都市）	福岡県の主な道路と県内の都市の名前	観光客が使う交通網と訪れる県内の市町村
県の様子（主な産業）	福岡県の土地利用や産業について	観光客の目線で見た沖縄県の農漁業や工業
自然を生かしたまち	県内の自然を生かしたまちづくり	自然を訪ねる観光客の楽しみとまちづくり
伝統や文化を生かしたまち	県内の伝統や文化を生かしたまちづくり	伝統・文化を訪ねる観光客の楽しみとまちづくり
他地域と結びつく県内のまち	国内外のまちと交流する自県	沖縄県を訪れる内外からの観光客と文化交流

能力の獲得である。観光現象への理解，地域の観光振興と自分の行動との関連強化，地域ブランド磨きへの積極的な対応と将来の観光市民への成長への自己投資，様々な観光をめぐるステークホルダーの役割の認識，そして持続可能な発展を伴う観光振興の実施へと戦略的に観光教育が展開していくことが理想である。

第3節　総合学習を介して観光資源に気づく子どもたち

1. 観光立県，沖縄県において実践した小学校総合学習

　協力頂いた学級は沖縄県石垣市立石垣小学校（児童数328人）第4学年2クラスである。また，先に試行的に沖縄本島に位置する中頭郡中城村中城南小学校4年生においても実験的な出前授業（総合学習）を実施した。ここでは，両校における出前授業を振り返って，沖縄県における観光事象を題材とした小

学校総合学習の授業について検討してみたい。

　沖縄県では全4年生児童にカラー印刷の観光副読本『沖縄県観光学習教材』（全62ページ）が配布されており，全国でも屈指の観光教育先進県である。沖縄に多くの観光客がやってきている事実を学び，観光産業に従事する人々の仕事や接遇に関しても学習できるユニークな内容である。しかし，現実には検定教科書の展開とこの観光副読本の内容とが上手く関連できておらず，約3割の小学校は観光副読本をほとんど活用できていない。そういう課題を解消するためにも筆者自ら，現地に出向いて公開授業の形で地元の教師に観光授業のモデルをお見せすることが効果的と考えた。

（1）ビギナーとリピーター

　副読本『沖縄県観光学習教材』の中に沖縄を観光で訪れるビギナーとリピーターの推移を示した棒グラフが掲載されている。既に，8割以上の観光客がリピーターであり，その目的は観光地巡りや沖縄料理を楽しむ，マリンレジャー，ショッピングなどが上位4位を占めているものの，第5位に保養・休養が24％もあると表示されている。「何万円もかけてわざわざ休みに沖縄にやってくるわけは何だろう？」というのが子どもたちの素朴な疑問である。よほど，沖縄に魅力がなければ観光客は何度もやってくるわけがない。いったい，どんな魅力が沖縄にはあるのだろうか，と問いが立ち上がってくるのである。そこで授業では，自然・食・歴史・文化・イベント・しせつの6つの窓口を示して，それぞれの窓口にどのような観光地や観光資源があるのかを確かめさせた。観光という目的的な行動が観光資源を同時に享受する行為となり，その結果，観光地が生まれてくる。観光という営みの本質に気づかせるきっかけとなった。

（2）開発したイラストカードの効果

　2時間目の授業で今回のために初めて筆者が開発した26枚の観光客が楽しめる行動を示した絵カード集を提示した。この絵カードは楽しい鳥のキャラクターが観光を楽しんでいる様子を描いたもので，動詞や形容動詞で表現されている。これに具体的な観光地を接合して，例えば「写真を撮る」と「琉球古民家で沖縄そばを食べる」という絵カード（図4-1・4-2）を手にして，観光地である首里城と合わせて，「首里城で写真を撮って，その後で近くの古民家で沖縄そばを食べる」などといった観光客が楽しめる行動を言葉で表現させるの

図4-1「琉球古民家で沖縄そばを食べる」の絵カード

図4-2「観光地で写真を撮る」の絵カード

である。

　児童の思考過程はこうである。代表的な県内の観光地をまず決めて，そこで観光客が楽しめる行動（観光滞在プログラム）を絵カードから想像し，組み合わせるパターンもあれば，楽しそうな絵カードから入り，そうした楽しみができる観光地はどこかを探させるパターンもある。この作業を県の詳しい地図（地図帳掲載）と絵カードを前にして6人1グループで行った。

2．観光資源を見出す・組み合わせる

　さらに観光を産業として認知できれば，裾野は広がる。農漁業が生み出す野菜や果物，肉や魚介類も，広い意味でブランド化や観光資源化を目指している。子ども自身に，身近な地域や県内で見出せる産物を二つ以上組み合わせて魅力的な産品を考えようと提案型の思考を促せば，意欲的に学び始めるはずである。一方で，観光立国学習が単なるお国自慢で終わることのないように注意しなくてはならない。観光は観光客側という相手意識に立つことが最も求められる産業である。観光客が何を求めているのか，地域や県のよさをいかに知ってもらうか，自己満足に陥らないように客観視できる見方を養いたい。また，ときとして県民側と観光客側に分かれて役割演技を取り入れ，考案した観光商品を発表させる学習展開も面白い。総合学習における教材開発の大きな鉱脈が観光の世界にある。

(1) 石垣島における観光の総合学習の概要

・ねらい　石垣島の児童にとって日常目にする島独自の生活文化（栽培植物・共同井戸・御^{おん}等）や観光地（川平^{かびら}湾・マングローブ林）を改めて自覚し"他者から見た島のよさ"に目を向け，観光立島としての石垣島の特色に気づくことができる。さらに，おもてなしの心を持って島文化を紹介することができる。

・単元　特設の総合学習　単元「観光を学び石垣を知る」（仮称）もしくは社会科第4学年「わたしたちの沖縄県」を2学期に前倒して題材にする。

・時間数　筆者による出前授業　6時間

(2) 単元計画（11月30日・12月1日）

■既成の社会科単元を軸に立案した場合

第1次　どうして八重山にたくさんの観光客がやってくるの？　2時間
　　　　・『沖縄県観光学習教材』（副読本）や石垣市観光協会作製のパンフレット，地図帳の活用，筆者が東京で集めた沖縄旅行パンフレットの読取り
　　　　・筆者が開発した観光客の楽しみをイラスト化したカードを使った滞在プログラム文の立案

第2次　本土の自然や生活・文化と異なるわたしたちの島の自然や生活文化の特色はなんだろうか？　琉球庭（ハーブ）・共同井戸・御を調べよう。
　　　　2時間　（校外）

第3次　観光ポスターを作ろう　2時間
　　　　島内の観光資源を見直し，もっと多くの観光客が島内で長い時間滞在してくれるために自分たちはどうしたらいいか考える
　　　　・写真も取り込んだコラージュ風の手づくりポスター（観光客向けメッセージ入り）の作成

(3)「しげん化」とは？

　令和2年度，小学校の社会科教科書が改訂された。総合学習は学校や地域の特色を生かすカリキュラムのため，検定教科書は発行されていないが，小学校では地域のよさや地域の持続可能な発展に寄与する人々との交流や地域の題材を使ったまちづくり学習を展開するケースが多い。地域や日本の「よさ」を教

え込めば，児童は容易にふるさと自慢に陥る。発達段階からいって自分の居住地への愛着は強く，批判的な思考力や広い視野が獲得できる中学生とは大きく異なっている。

　例えば，3年生で多く扱われる「昔の道具と暮らしの変化」の単元では教科書に昔の暮らしのイラストが掲載されている。近くに伝統的な民家園やレトロな町並み，屋敷などがあれば，＋αとして見学学習も組まれることだろう。そのとき観光資源化の視点を取り込んで，「どうして古い道具や建物が残されているのだろうか」という学習問題に発展させるのである。大人は，今は使われていなくても，かつて自分が使った古い道具や訪れたことのある建物に懐かしさを感じるものだ。いや，既に亡くなった祖父母が使ったモノに対しても日本人共通の一種の郷愁を抱く。児童から「古いものが大人は好きだから見に来るのでは」「古くてもその時代は便利なモノだったから大事なものなのでは？」と出てきたら，「入場料まで払って使わない古いモノや建物をどうして見に来るの？」と切り返せばよい。古い道具や建物を残すことに意味や価値があることに気づかせるのである。学習指導要領の扱いでは，暮らしの向上に寄与した道具の変遷に気づかせ，古い道具でもその時点では便利で最新の道具であった事実から，道具を改良して暮らしをよくしていく人の営みに共感させる扱いになっている。観光資源化では，古い形で現在に残されているそのことの意味に気づかせる。住民や専門家の願いを受けて，保存された理由や観光客も訪れる施設である意味を追究させるのである。他にない地域の資源として民家園や伝統建築，生活道具などの存在意味を理解させていく。古い電気洗濯機や家具調テレビなどは今やお宝である。お宝だからこそそこから道具の改良を重ねてきた日本人の努力がくみ取れる。

（4）観光のまなざし

　事例を変えよう。4年単元「わたしたちの県のようす」の単元では，47都道府県の中の県，県の地形，交通，自然を活かした県内の特色あるまち，伝統や文化を活かした県内の特色あるまち，県と外国とのつながりといった流れで教科書は編集されている。＋αとしての資源化では，自県の存在自体を観光資源のまなざしで見つめさせる。例えば，「年間400万人もの観光客がわたしたちの県を訪れています。そのわけはどうしてだと思いますか？」と切り込むのである。先日，沖縄県の公立小学校4年生に筆者が出前授業を行った場面を紹介

しよう。「沖縄県が観光に人気No.1であるわけを考えよう」と切り込んだ授業であり，児童の思考はかなり活性化した。

　教科書を活用させ，「冬でも暖かい南の県だから」「美しい海や森があるから」「エイサーを見に来るのでは」「ちゅら海水族館と首里城に来る」「特産品で沖縄そばが有名だから」などとポジティブに自県のよさを振り返った。「自然，食，歴史，生活文化，イベント，施設」の6つの窓口から資源を引き出した。問いは，「もっとたくさんの観光客に来てもらうにはどうしたらいいのだろう」を学習問題にした。

　県の自然環境についても多県にみられない価値ある自然として扱うのである。したがって，地図帳などを使って他県と比較させながら，県の地形や土地利用を扱えば効果的である。地図帳で自分の県だけをいくら見つめさせても児童に県のよさは見出せない。さらに，県の伝統工芸品を観光客向けのお土産にしてもらうためには，その価値を他に伝える必要性を感じ始める。自分たち県民もその工芸品を買ったことがない事実に気づき始め，「自分たちも買って使いたい」「県の特色ある自慢としてこれからも作り続けてほしい」とポジティブに自県の資源に気づき始める。まとめの学習で教科書にしばしば「県の特産品マップをつくろう」というフレーズでページが構成されているが，「外国人観光客に売り込むための県の特産品紹介マップを作ろう」とか「ゆっくりお客さんに農漁村で滞在してもらうための旅行プランを立てよう」の方が，県のようすを振り返らせる学習にはポジティブで面白い効果が期待される。

(5) 農業や工業，歴史も「しげん」

　5年「日本の食料生産」でも米や魚のブランド化戦略を扱えば，資源化に近付ける。特に米からできる日本酒，味噌や酢，新鮮な刺身や寿司，活魚輸送のしくみなどは，ニッポンの資源である。東京都にある江戸野菜（諸藩からの野菜の種が集まった）なども格好の資源である。外国人にも人気なクールなニッポンの生産物を扱うことで，農林水産物さえも資源として児童は見つめるようになるだろう。自動車産業の単元でも，トヨタ生産方式は，今やアジアからの観光客の産業観光の対象となっている。外国にはないニッポンの工業製品だからである。6年単元の「室町文化」や「江戸の文化」は教科書にも代表的な和室や歌舞伎の写真と共に紹介されている。いわば和文化というニッポンの資源そのものである。そこに「残していく」「継いでいく」「作りだす」などの意味

を取り入れてはどうだろうか。茶道や華道のよさに気づかせ，単に歴史上の文化として学ぶだけでなく，現代に継承されてきた文化である事実にもっと力点を置くのである。

　沖縄県の場合は，ウチナー料理や琉球庭園，亜熱帯植物なども観光資源になる。とりわけ，石垣市内に存在する一般家庭のお庭や通りからも見える塀越しの庭樹は本土にはない特色がある。つまり，「オープンガーデン」観光の魅力に富んでいる。既に沖縄本島の南城市で展開されているオープンガーデンの試みに習い，石垣市街地でこそ，確かなまち歩き観光が楽しめるはずである。天候が不安定な時期こそ，離島に渡れないため，市街地観光が力を発揮するはずである。石垣市内で3箇所程度の個人宅に協力をお願いできれば，実験的に八重山命草を学ぶオープンガーデンツアーが成立する。本土から来た観光客（年配の方々）と在住のお庭の持ち主が草花を介して交流できるきっかけが生まれる。この動きを拡大できれば，石垣市街地の文化的な評価も向上し，市民に自然と文化に対するさらなる誇りが生まれるだろう。このことは，子どもたちの教育にも効果をもたらすに違いない。

第4節　中心市街地を歩いて巡る石小「まちまーい」の授業実践

1. フィールドワークから考える社会科・観光の授業

（1）歩く・見る・聞く

　社会科の学習対象は実際の社会にある。教科書や副読本には，そのモデルが掲載されているに過ぎない。実社会の社会事象にこそ，生きた学びの対象がある。3年単元「私たちの学校の周り」はもちろん，スーパーの売り方の工夫，昔から受け継ぐ年中行事，自分たちの町にある農漁業，地域に残る文化財や史跡，公共施設の建設など学習対象は枚挙にいとまがない。子どもたちが地域を歩き，ある視点から町を点検したり，人にインタビューしたり，施設を見学させてもらったりする社会科フィールドワークこそ，新しい研究授業の宝庫である。今，話題のアクティブ・ラーニングのアクティブそのものがフィールドに出かけて学ぶ姿勢だからである。石垣小学校で実施した今回の校外授業は，学校の近くに観光客が喜ぶ場所やものがあるのではないかという切り込みから始

まった。やや，誘導的な提示であったが，文化財や植物の写った数枚の写真を子どもたちに提示した。

(2) 実施率2割

　小学校では上記のようにいろいろな場面で校外に出かける機会は多い。しかし，中学校に至っては地理的分野「身近な地域の調査」はわずか2割の学校でしか行われていない。中学は，さまざまな理由から実施されておらず，その制約を乗り越えるだけの教員の熱意が欲しい。小学校においても，単に引率しているだけで子ども自身にどれほどの追究意欲があっての見学・調査なのか，疑問に感じる場面もある。教員は野外に子どもたちを連れ出して実社会に触れさせる指導に自信がないのであろうか。「安全面に心配がありますから」「あまり学区のようすを知らないから」と言われると返す言葉もない。学習指導要領に規定されている校外の実地指導が満足に展開されていないのではないか。もし，総合学習と合科で十分に展開されていたとしたら子どもの社会科嫌いは防げるはずである。社会科や総合の醍醐味はリアリティにこそある。ホンモノの場でホンモノの事象と出会わせることほど最良の教科書はない。そのためにもフィールドワークから考える学習を推進したい。

(3) ルート設定と時間配分

　どの道を通って見学するのか（ルート設定），児童の見学時間，飽きさせない時間配分が研究授業として検討されなくてはならない。石垣小学校における授業でも，市街地を歩く授業では，10分間程度の移動時間で訪問先に到着するように計画した。

　フィールドワーク授業ではハプニングも付きもの。臨機応変な教師の対応力は授業を校外で行う場合の留意点である。このほか，安全管理やトイレ確保などは当然の準備である。教室から飛び出したフィールドワーク授業が見たいものである。

(4) 薬草いっぱい八重山の庭訪問

　小学校から歩いて数分。みやまえ幼稚園裏手にある亀川さん宅のお庭を見学させてもらった。

　シークワーサー，トラノオ，黒木（三線の材料），イッペイ，レンブ，ニガナ，

パパイヤ, 桑の木, 芭蕉, 月桃, 長命草, マンゴー, 千年木, カンナ, オクラ, ブーゲンビリア, ハイビスカス, アマリリス, クムスクチン, 大根, 朝鮮桜, サンダンカ, オオタニワタリ, ハマボウ, フクギなど多種多様な樹木や草花が栽培されていた。

(5) 色彩いっぱい桃林寺見学

　江戸時代の初頭である1614年に創建された八重山で初めての禅宗・臨済宗のお寺。山門には仁王像が力づよいポーズで立っている。

　子どもたちは, 桃林寺・権現堂の歴史の古さと色鮮やかな木彫りの造形に新鮮な驚きを覚えたようである。また, 亀川さん宅に生えている健康にいい草や花, 実の効用にも興味を覚えていた。石垣市街地に住む子どもたちにとって当たり前の風景の中に価値を見いだせた瞬間であった。その後, 体育館で撮影してきた写真を模造紙に貼り付け, コラージュ作品を作成していった。指導に当たった筆者によるコラージュづくりのコツや, マジックの持ち方, タイトルの付け方などの丁寧な助言も功を奏し, 見事な作品が出来上がった。

　一連の活動を以下の写真によって紹介したい。

探検前に田本元校長先生から植物について解説を受ける

八重山固有の栽培植物と出会える個人の庭を探検する

桃林寺の隣にある重要文化財の権現堂の価値に気づく
児童

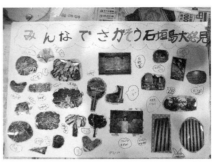

石垣島探検で発見した様々な物の写真を大きな紙に
貼って展示

第5節　学習後に綴られた児童の作文

　学習後，4年生児童に400字詰め原稿用紙を配布し感想文（題：石垣市街地
にもっと多くの観光客を呼び込むためには）を30分程度かけて書いてもらった。
300文字を超える男女の作文を3例紹介したい。

作文1：「ヒミツがいろいろ石垣島　みなさん，この緑がいっぱい海がキレイ，
　　　　でんせつなど，いろいろある，この石垣島には，あんまり知られてい
　　　　ない事がたくさんあります。大きく分けて三つ知られていない事があ
　　　　ります。一つ目は，ふだん見ている植物が食べられたり，薬になったり，
　　　　よもぎや，うこんはおだんごにして食べたり，げっとうは，おもちを
　　　　つつんだりできます。二つ目は，宮鳥おんが，石垣島の中心であり，とっ
　　　　ても神様がいるのです。三つ目は，とうりんじにいろいろな動物がいて，
　　　　守ってくれるのです。そして一番すごいのは，石。ただの石と初めは
　　　　思いますが，石垣島の名のもとは，石だったのです。このように緑いっ
　　　　ぱい，海がキレイ，でんせついろいろあるこの石垣島にはすごい事が
　　　　いろいろあります。だから，いっぱい遊びに来てねー。（4年女子）」
作文2：「観光客をよびこむには　私は，観光客をよびこむには石垣島でどの
　　　　ようにしたらいいかを考えました。私が一番最初に思いついた事は，
　　　　『川平わん』です。私は，川平わんで観光客などが泳げるようにした

らいいと思います。でも，たぶんできないと思うけど，できたらもっとたくさん観光客が石垣島に来てくれると思います。もう一つ考えがあります。観光客に，食べられる草花や薬に使われる草花を体験してもらえるような活動をやればいいと思います。そうしたら，観光客が石垣島の草花にきょうみを持って，また石垣島に来てくれると思うからです。このように私は観光客に自然とふれあってほしいと思って，この考えを出しました。石垣島でもっといろいろな活動をして観光客がたくさんふえるといいです。（4年女子）」

作文3：「石小の周りは観光地がたくさん　ぼくたちの通っている石垣小学校の周りには観光地がたくさんあります。ふだんは古びたただの学校や木だらけのうたき，ただの寺や，ただの庭とみえる場所は，実は，歴史を知れば，ぜったい行きたくなります。まず，木だらけのただのうたきは，本当は石垣小学校のしき地も，この宮鳥うたきのしき地だったのです。宮鳥うたきは，昔の石垣村，登野城村の中心だったのです。次の桃林寺では，ただの寺に見えますが，実は日本最南端のお寺だったのです。ただの寺だと思っても，場所の事を知ればすごくめずらしく思えます。亀川さんの家の庭では，ただの植物がたくさん植えている庭と思うけど，実は石垣島にしかない植物を育てているのです。たとえば，ソテツ，ヨモギ，ウコンなど全てあります。このように，ふつうと思っても石小の周りには観光地がたくさんあるのです。（4年男子）」

　学校の近隣にある当たり前の文化財が，観光客にとっては魅力的な観光対象であることに気づいたり，島固有の栽培植物や昆虫などの自然資源に着目したりするなど，観光に生かしたいという見方が獲得できた。

第6節　学区のフィールドワークを活用した総合学習を

　本章で扱った学区を児童が歩いて学ぶ機会は生活科や社会科，図画工作科などの機会でいくらかはみられる。総合学習として「まちづくり」単元を有している学校では，各学年で10時間以上の校外学習が用意されているケースもある。

そうした地域に根ざした総合学習を教科横断的な学習を構想し，観光という他者の視点から地域の価値を見いだす学びはこれからの地方の小学校に特に必要である。地方創生やSDGsの視点を持ちだすまでもなく，交流人口や関係人口増を目指さなくては我が国の地方は衰退してしまう。総合学習には学校や地域の課題解決をテーマにした単元を立案してほしい。福祉や防災，情報など現代的な課題は山積しているものの，観光はそれらの課題に関連付けることができる上，未来志向のテーマであるため，学習にポジティブさが醸し出される。これが，新しい授業アプローチとして意味のあることなのである。

　観光といっても観光業に直接携わらない仕事も多い。しかし，地域の農漁業でさえ，ホテルで食される食材の供給を担っているため，観光振興は地域の生命線ともいえる。本章で扱った石垣島で成長する子どもたちの将来の雇用の場も確保するためにも観光振興は期待できるジャンルである。観光による収入は，税収も増すことにつながり，福祉や社会基盤整備，文化の振興にも寄与する。地域の未来を左右する産業こそ，観光業といってよい。公教育内容に観光事象をもっと取り入れることはできないだろうか。本実践に見られるように，主体的・対話的で深い学びを総合学習によって展開するために，観光を題材にできる可能性が高い。

課　題

1. 地域資源を学習対象に組み替える際，本章で描かれた石垣島での実践事例ではどのような価値づけを行っていますか。
2. あなたの住む地域の資源を題材にして，地域にある複数の見所を具体的に取り上げ，児童が興味を抱く観光案内のプログラムを立案しなさい。

参考文献

菊地達夫「観光を題材とした地理授業の系統化と開発」『北翔大学生涯学習システム学部研究紀要第14号』pp. 1〜14，2014年

佐藤克士「観光研究の成果を組み込んだ『社会科観光』の授業開発とその評価」『社会科教育研究第118号』pp. 1〜14，2013年

寺本潔・愛知県西尾小学校編『総合学習まちづくり大作戦』明治図書，2002年

寺本潔・田山修三編著『近代の歴史遺産を活かした小学校社会科授業』明治図書，2003年

寺本潔「4年社会科『わたしたちの県』を観光単元に組み替える提案授業―沖縄県が人気No.1で

あるわけを考え合う―」『まなびと春号』pp. 14～17教育出版，2015年

寺本潔（2015）沖縄県の小学校における観光基礎教育の授業モデル構築と教材開発に関する研究」『論叢』（玉川大学教育学部紀要）pp. 73～85，2015年

寺本潔・澤達大編『観光教育への招待―社会科から地域人材育成まで』ミネルヴァ書房，2016年

寺本潔「沖縄県石垣島の資源を活かした地域観光学習の試み―小学校4年生を対象にして―」『地理学報告第118号』pp. 99～104愛知教育大，2016年

寺本潔著『教師のための地図活―地図帳・地球儀・防災・観光の活かし方―』帝国書院，2017年

寺本潔「観光教育のすすめ―グローバル化した社会に活きて働く力として―」『初等教育資料10月号』東洋館出版社，2019年

萩巣里菜他「小学校における観光教育の可能性―京都市の次世代教育を対象として―」『日本観光研究学会紀要第26回全国大会論文集』pp. 389～392，2011年

持続可能な社会づくりに向けた人材育成
—ESDの視点に立った総合学習のモデル—

　持続可能な社会づくりには，地域社会からグローバルな地球環境までを視野に入れた姿勢が大事であり，そのためにESD（持続可能な開発のための教育＝Education for Sustainable Development）の視点が有効である。本章では，防災やエネルギー，環境といった具体的なテーマに即して持続可能な社会づくりを担う人材育成の観点から学習のモデルを提示する。主に小学校における総合学習のカリキュラム構築の基本姿勢についても解説する。

キーワード　地球市民　統計　地形図　防災

第1節　はじめに

　広い視野を指向した地球市民育成に誰しも反対する人はいないだろう。しかし，その資質・能力に加え持続可能な社会づくりに寄与できる人材育成といった観点は，未だ曖昧なままである。具体的にどのような教育を児童生徒に施せばよいのかについても多種多様な方法があり，理念の実現イメージさえ様々な水準がある。そこで，例えばESDを基本姿勢に据えれば幾分か整理がつくことがわかる。キーワードは「持続性を担う資質・能力」の獲得である。経済や社会のグローバル化が進展し，人工知能による仕事の外部依存も進む一方で，社会貢献意識の醸成，自分も地球環境に関与する一員であるとの認識は，持続可能な社会づくりにむけた人材育成にとって基盤となる。そこには今，目の前の現象や課題に対して他人事でなく，自分に引き寄せて考えることのできる想像力と共感的な理解力が必要になってくる。

　また，現在，文部科学省からは小学校から生涯にわたるキャリア・パスポートを意識させた教育が特別活動などの機会を通して求められている。キャリア意識の育成とは，すぐさま具体的な職業に結び付く実務的な学習を指すものでなく，キャリア形成にむかう自己の姿勢や態度の育成こそ大事である。自分が社会の中でどのような役割を果たせるのか，仕事という概念を拡げ，生きがいややりがいを持つことの大切さにまずは気づかせたい。総合学習はキャリア形成に向けた意識づけを伴った機会を提供する貴重な時間でもある。

　これからは「主体的・対話的で深い学び」の構造から知識と技能を関連づけて現実の課題解決に向かわせる手立てが重要になる。複数の知識をつないで概念化したり，一つの知識を多種多様な展開場面で活かしたりするなど，獲得させた知識の構造を指導者はもっと意識する必要があろう。

　ところで総合学習では，「課題の設定」⇨「情報の収集」⇨「整理・分析」⇨「まとめ・表現」の4つの段階を意識したサイクルからなる探究のプロセスが焦点化されている。人材育成モデルとしても基本的にはこのサイクルを丁寧にめぐらせつつ，授業実践を図っていくことが大切であり，ESDで培われる概念や獲得できる資質・能力との整合性を指導者は自覚しつつ実践に当たる必要がある。同時にそれらの探究的なプロセスは既存の教科の学習活動にもよい影響を与える。教科＋総合で単元化を構想し，総合でも教科でも探究のプロセスを授業に取り入れることで双方の質的な向上につながるからである。本章ではこういった角度からESDの視点に立った総合学習のモデルを提示してみたい。

第2節　持続可能な社会づくりに向けた人材育成につながる3つの段階

　子どもたちの問題意識に見合うように，効果的にESD教材を提示できるか，その教材の捉えに関して，筆者は素材化・顕在化・価値化と名付けた3つの段階を提示したい。

　例としてリソース：自然災害の防災の理解と対応力（レジリエンス）を取り上げて解説する。

1. 素材化

　日本列島は災害のデパートだ，とも称されるほど自然災害の種類が多い国である。地震や津波，高潮，洪水，竜巻，豪雪，火山噴火，台風，地すべりやがけ崩れ，熱波，大雨など枚挙に暇がないほど種類が多い。それら災害の種類を学習素材として取り上げることが第一に必要な段階である。

　都道府県ごとにそれらの現象が生じる頻度や変化の大きさが異なることから，子どもたちにも自県の地理的特性や災害履歴を理解してもらうことから始めなくてはならない。リソースとして，少なくとも過去数百年の間に自県で生じた代表的な自然災害の被害や発生メカニズムの概括的把握が必須であり，災害についての調べ学習は大切な学習機会となる。

　幸い，日本列島を襲った災害履歴に関しては京都大学防災研究所や東京大学地震研究所，東北大学や名古屋大学などから多くの報告書や著作が出版されており，WEBサイトでも神戸市の「人と防災未来センター」や国土交通省のいくつかの地方整備局や地域づくり協会などからも貴重な地域災害の事例が収集できる。最近では磯田道史氏など歴史学者も災害と歴史上の出来事との関連性に注目した著作もある（例えば，磯田道史監修『絵図で読み解く天災の日本史』別冊宝島2339号，2015年発行，宝島社）。地図，教科書などを出版する帝国書院からも日本列島で発生した災害を地図の上にプロットしたポスターが発行され，『地図帳』にも大まかな災害履歴が地図と共に掲載されている。また，筆者が監修した児童生徒向けの図書『ポプラディア　プラス　日本の地理』（ポプラ社）全7巻の中に47都道府県ごとに災害履歴表と県ごとのハザードマップを掲載したので，それらのリソースを集め，どこに焦点を当てるかを検討することが大事である。

2. 顕在化

　次の段階は，把握できた自然災害をどのように可視化・顕在化したらよいかである。最も有効な顕在化は，子どもたちが読み取りやすい大きさや難易度を工夫した教材地図に表すことである。災害は地域的特性が強く反映される自然現象であるため，全国一律に災害をくまなく把握する必要はない。むしろ，小学校段階では，自県の災害特性を地形や気象と合わせて理解できればまずは十分である。また地図に災害履歴を記入するだけでなく，災害ごとにその特性を

表に整理するとか，災害の記憶が残っている高齢者に尋ねて，吹き出しのような形で地図に挿入するのも有効である。さらに，過去の新聞記事（できれば地方新聞社掲載記事）を集めることも大事な作業である。新聞記事からは災害時の写真や被害状況を記者が克明に記したり，被害に遭った住民の生の声を文字で読取ったりすることができる。顕在化という作業は，素材を教材に換えていく上で重要なプロセスであり，授業の山場をどこに据えるかを判断するためにも大事な作業である。単に災害の再現に努めるだけでなく，その後の復旧や復興に人々がどのような役割を果たしたのか，自衛隊や消防士，警察官などの仕事に加え，災害復興ボランティア活動に努めた人々の活動や寄付金を通して支援している他地域の人々の役割も扱うことで，もしも自分が被災してしまった場合でも，希望を抱いて復旧に向かおうとする災害からの回復力（レジリエンス）の醸成につなげたい。

3. 価値化

　顕在化の段階で述べた自然災害を理解するための地図化は，同時に価値観を生み出すきっかけともなる。価値化とは，「どうしてこの地域で災害が発生したのだろうか」「なぜ，被害がここまで大きくなったのか」「災害後の復旧課題は何か」「これから減災社会を創っていくには自分は何ができるか」など災害と自分との関係を考えさせる段階に当たる。減災社会づくりにむかう人材として自分の役割を明確化させる機会となる。自然災害は，一方で都市化との関係性で発生規模が大きく異なる。東京・横浜エリアは目下，世界で最も自然災害による被害額が大きく見積もられている地域である。木造密集地域や高価なインフラに被害が生じるため経済的にも破綻しかねない。都市部への災害を軽減させるため，様々な防災インフラへの興味関心を高めたり，避難や財産保全への行動力を獲得させることも大事である。東京など大都市への流入をやめて，地方への移住を進めた方がよいのではないか，といった価値判断もこの段階で見えてくる。ESDの視点を学んだ児童生徒から，これ以上の都市への人口の集中は分散型エネルギーの利用やスマートシティの観点からも再考した方がよいのではとの発想も出てきてもよい。

　子どもにとって，防災を事例にした学習は理科や社会科，家庭科（住居領域）などと関係しているので教科＋総合の教科横断的な学習でも単元化できる。ESDの観点を取り入れ，この国の持続的な発展を実現するために災害とどの

ように対峙すべきか，自県の災害特性と絡め子どもたちに考えさせることができる。将来，大人になった際に消防士や福祉士など人を助ける仕事に就きたい，防災まちづくりに自分も役割を果たしたい，ITを使って災害に強い仕組みを作りたい，などと社会人になった際の夢も醸成できるかもしれない。このように防災をリソースに取り上げればESDの理念を具体化できるだろう。

第3節　ESDで子どもたちに育てたい能力

　次に，『国連持続可能な開発のための教育10年実施計画』の内容を分析してみたい。この国内実施計画では主にESDの目標，基本的な考え方，育みたい力，学び方・教え方について述べられている。具体的な内容は以下の通りである。
　目標では，「持続可能な発展のために求められる原則，価値観，及び行動があらゆる教育や学びの場に取り込まれること（中略）環境，経済，社会の面において持続可能な社会が実現できるような価値観と行動の変革をもたらすこと」とされている。基本的な考え方では，「ESDは持続可能な社会づくりのための担い手づくり」としており，人格の発達，自律心，判断力，責任感，他人・社会・自然環境との関係性を認識すること，「関わり」「つながり」を尊重できる個人を育むこととしている。さらに，「環境教育，国際理解教育，基礎教育，人権教育等の持続可能な発展に関わる諸問題に対応する個別分野の取り組むのではなく，様々な分野を多様な方法を用いてつなげ，総合的に取り組むことが重要」であるとしている。育みたい力では，主に五つに大別されている。一つ目は体系的な思考力である。問題や現象の背景の理解，多面的・総合的なものの見方ができる力である。二つ目は持続可能な発展に関する価値観である。人間の尊重，多様性の尊重，非排他性，機会均等，環境の尊重等を見出す力である。三つ目は代替案の思考力である。これには批判力も含まれる。四つ目は情報収集や分析能力である。五つ目はコミュニケーション能力である。この五つの観点を育みたい力としている。
　学び方・教え方では主に三つに大別されている。一つ目は「関心の喚起→理解の深化→参加する態度や問題解決能力の育成」を通じて「具体的な行動を促す」ことである。二つ目は単に知識・技能の習得や活用にとどまらず，体験，体感を重視して，探求や実践を重視する参加型アプローチとすることである。三つ

目は活動の場で学習者の自発的な行動を上手に引き出すことである。

　これらの点から，ESDで育まれる力は一言でいえば「現代的な課題に向かう探究的な学び」を遂行できる能力であろう。

　これらの力の中で，価値観や代替案の思考にかかわる側面は，意外と育成が難しい。私たち日本人は，日本という文化や生活自体の中で育まれた価値観の中で過ごしているからである。異文化，例えばイスラム圏の国々の人たちの文化やアフリカ諸国の生活文化には意外に疎い。コーランがまだ暗い早朝から街の中に大音量で流される生活文化は，日本人にはなかなか理解しづらいだろう。ラマダン（断食）やお酒を飲まない習慣，ハラルミートなど，かなり日本と異なる印象を持つ。そのため，日本人がよかれと思って考えた代替案の提示に至っては本当にその国の人々にとって好意的に受け止められるだろうか，との迷いも生じることだろう。ESDは，その意味で異文化理解を育むことにもつながってくる。

第4節　SDGsとの関連

　2016（平成28）年5月に日本政府内にSDGs推進本部が設置された。本部長は内閣総理大臣である。同じ時期にG7の伊勢志摩サミットが開催され，この問題がコミットされた。その後，推進円卓会議の設置を経て同年12月に「SDGs実施指針」が策定された。東京オリンピック・パラリンピック2020の開催に続き2025年大阪万博などの国際的なイベントが予定されている今日，日本の取組には世界が注目するであろう。とりわけ大阪万博のテーマは，「いのち輝く未来社会のデザイン」である。人工知能（AI）や仮想現実（VR）など21世紀の最先端技術を活用した医療・健康，スポーツや娯楽，新ビジネスを一堂に集め，世界の人々に経済・社会の未来像を示すという。まさに，SDGsが目指す2030年への目標（ゴール）と関連している。「SDGsアクションプラン2018」は，経団連が後押しし地方創生や強靱かつ環境に優しい魅力的なまちづくりを唱っている。

　こうした中で，学校教育としては持続可能なライフスタイル，人権，男女の平等，非暴力の推進，グローバル・シチズンシップ，文化の多様性など多岐にわたるテーマをどのように子どもたちに伝えていったらよいのであろうか。

SDGsの目標4に掲げられた「質の高い教育をみんなに」はESDを軸にほかの16のグローバル目標と169のターゲットの実現に向けた推進源として機能することが求められている。ESDはSDGs推進のための教育面の要なのである。

先日，都心で開かれたある大手保険会社のシンポジウムに参加した。そこで提唱されたことは，会社の社会貢献として地球温暖化を防ぐためにCO_2の吸収率が高いマングローブの林を東南アジアの海岸に過去20年間社員と現地住民との手で植林してきたという。今後，向こう80年間も継続し計100年間保全活動を続けるという方針が打ち出された。いわば「未来社会への保険」としてマングローブ植林が位置づけられたのである。このようにSDGs達成に向けて企業の役割りは大変大きいものがあるにせよ，その推進に個人は関与しなくていいのだろうか。社会の代表として国連や政府が責任を持って推進することは当たり前のこと。しかし，大事なのはSDGsを国連や政府，大手企業がやっていることと捉えず，自分事としていかに受け止めるかということである，ESDを指向した人材育成では，こうした理念と行動力を理解できる子どもを育てていきたいものである。

日本総合研究所に勤務する村上芽・渡辺珠子共著『SDGs入門』（日本経済新聞出版社，2019年）では，日本で注目されるSDGsの実施指針として次の9つのテーマを紹介している。それは，女性の活躍，教育と職業訓練，健康と長寿の達成，安全で住みやすいまちづくり，エネルギー利用やCO_2の削減，持続可能な消費，海洋プラスティックごみの削減，森林や生態系の保護，科学技術・イノベーションの創出である。ESDとの関連性が予見されるテーマといえよう。

第5節　社会科＋総合で地形図，統計を扱う

ESDの視点に立った総合学習をモデルとし，理念的な側面だけ強調しても生きて働く力は育たない。理念は現実を舞台にして初めて研ぎ澄まされてくる。ここでは，一例として社会科＋総合を基軸に据えた方法論を解説してみたい。

1．地形図から課題を設定する

2万5000分の1縮尺の「鎌倉」地図を見ていただきたい。三方を山に囲まれ，源頼朝が築いた武家の政権が誕生した町である。社会参画型授業では，社会科

3年の消防署や消防団の仕事や5年の自然災害の防止単元で地形図学習を通して社会に参画しようとする子どもの意識変化を促せる。例えば，この地域を強い地震が襲い，その直後に大津波が到来する事態に追い込まれた場合，学習の指導ポイントは地形図の丁寧な読取り作業と適切な避難判断の予測，避難先までのルート確認，背後の山地を含んだ鎌倉全体の独特な地形の読取り等が作業課題となる。大きな津波が相模湾から襲ってきたら，鎌倉駅前の商店街はどうなるのか，鶴岡八幡宮の下まで津波が到達するのではないか，大仏は大丈夫か，多くの観光客はパニックになり高台に殺到するのではないか，夜間に津波襲来に遭ったら果たして自分たち市民は安全に避難できるかなど，子どもたちにこの課題を自分に引き寄せさせて，防災まちづくりとの関係で社会参画型に授業を変えることができる。「子どもは小さなまちづくりびと」との認識を子ども自身にも持たせつつ，市役所や消防団の人たちの働きの理解や自分たち自身が大人が心配しないように確実に避難できるようにするためには，どう行動したらいいか，何が社会のためにできるのかを考えさせる学習場面が成立する。

　さらに，社会参画型として，避難を躊躇する高齢者に避難を子どもの立場からどう促せるか，社会的弱者の立場に立って災害からの避難をどう進展させることができるかを対話によって考えさせることも可能である。その場合も話し合いの決め手になるのは地図である。海岸から自分たちの学校までの距離を測ったり，校地の海抜高度と避難所のそれを比較する学び，避難場所までの道の形状と距離，標高差を考える場面，避難車や避難者で渋滞も予想される道路を何分で渡ることができるか，高齢者の歩くスピードと歩行を補助する時間的猶予は何分間あるのか，など避難に要する時間を真剣に考えさせることができる（具体的には災害図上訓練が推奨できる方法である）。社会参画型の学習モデルは，いかに子ども自身の参画を現実感を伴う形として想定できるかにかかっている。地形図からの課題の設定は不可欠な作業となる。

2. 統計データからグラフをつくる

　日本は，人口減少社会に突入している。総務庁から発表されたショッキングな将来人口の推計と地方の若年女性の激減，大都市圏の超高齢化傾向などの話題は，小学校高学年から中学生にかけての社会科学習の学習課題にぴったりである。例えば日本や自分の県や市の男女別人口統計から，5歳間隔の人口ピラミッドを作らせて考えると面白い。人口ピラミッドは一見，作成が難しい印象

を児童生徒に与えがちだが，教師が丁寧に作図の方法を教えてあげれば，案外簡単に児童生徒の手でも作図できる。方眼紙と人口統計データ，線を引く定規さえ準備できれば，だれでも作図可能である。「自分の県の人口ピラミッドをつくって高齢者がいかに多いのかがわかった」「自分たち中学生よりもっと年齢が下の小学生や幼児が少ないので将来が心配になる」「自分たちは，市や県の将来の社会を支える立場に立つので，出生数を引き上げるためにPR活動したい」などといった考えに至らせることも可能である。

　小学校中学年の単元「市のごみ処理」でも統計からグラフを作らせてその結果をゴミ減量への行動変容という社会参画型につなげる指導が可能である。例えば，市の過去20年間の人口の変化とゴミ処理量（クリーンセンターでの焼却ゴミの量）が統計データで入手できれば，問いが生まれる。「わたしたちの市の20年間の人口変化を折れ線グラフにして表してみました。すると，だんだん，人口が減っていることがわかりました」「今度は，棒グラフでゴミの量を年次別に示しました。すると，ごみはあまり減っていないことがわかりました。人口は減ってきているのにゴミが減らないのはどうしてかな？」という問いである。多くの自治体でこの問題は共通化していて，世帯数の増加や消費生活の進展，個食を支える食品の過剰な包装，プラスティックゴミの増加などの社会問題が背景に横たわっている。子どもの消費生活や家庭のごみの出し方，地球温暖化，海洋ごみという身近でグローバルな問題を何とか解決したいと願う参画型の授業に結びつけやすい課題が設定できる。

3. 統計データから分布図をつくる

　自分の市の地区ごとの農家数を棒グラフになおして市の地図に貼り付けると市の農業の地域的特色が読み取れる。一般に市の中心部にあるオフィスや商店街（中心業務地区・CBD）地区には農家が少なく，農家は市の郊外に多く分布することが地図に農家数の棒グラフを落とせば読み取れる。郊外の農家数も観光農園が多い地区は比較的農家数が多くなり，畜産や牧場などの規模が大きい経営体しかない地区では農家数が少なく表される。市程度のスケールで分布図を作図させる作業的学習を織り込むことで児童生徒も行ったことがある地区である場合が多く，幹線道路から見えているビニールハウスや畜舎，畑や田んぼの風景と照合させて学習を進めることができる。

　問題はいかに自分に引き寄せさせるかである。将来，農業をやりたいと希望

する児童生徒は未だ少なく，関心が高いとはいえないのも現実である。そこで，プラスとしてもっと小さなスケールの問題を提示する必要もある。例えば，市のA地区は農家数もまだ多く，中には観光農園を営んでいる農家もある。農業で生計を立てていける地区であるが，観光農園ではどのような工夫をして収益を上げているのだろうか，という課題を投げ掛けても面白い。観光農園の入り口ともぎ取りの様子を写した写真を提示し，小さな子どもも楽しめるようにイチゴ摘みの際に小さな椅子を準備している，ちょっとした遊具を園内に設けている，イチゴのキャラクター人形を置いているなどの工夫を発見できるかもしれない。「もっと人気が出るようにするにはどうしたらいいと思うか？」と促せば，消費者の立場としてたくさん意見が飛び出してくるだろう。反対に農家数が少ないB地区は昔から畜産が盛んで，中規模な畜舎が多い地区の場合，宅地化の進展と共に悪臭問題が生じているケースがある。昔から畜産を営んでいるにもかかわらず，後から住宅を立てて住み始めた住民から臭いのクレームが出てくるのはおかしい，宅地化してきたのだから，臭わないような設備を作るべきだなどと論議が生じるテーマが生み出せる。

4. 読取り・比較・わかったことをまとめる

一世代前の時代と比べるため，30 〜 50年前の市の農家数や漁家数の統計を入手し，先に紹介したような地区別の棒グラフ分布図に併記させてみる。農家や漁家が急速に数を変化させてきた年代が判読できるし，農家や漁家の高齢化，国際的な農業や水産業の動きが地域の農家数や漁家数に反映している部分，環境保全との兼ね合いなど，作業的学習を通して統計データをわかりやすく表示させてみることで学習者に理解を深めさせる効果がある。作業的学習は時間と手間がかかって教師も避ける傾向にあるが，完成された図や表をいくら児童生徒に与えても消化できない場合がある。図や表を自分で作成していないからである。一度でも手づくりで簡単な統計地図やグラフ，表を作図した経験があれば，与えられた図表の読取りや比較への意欲が違ってくる。作図・作表は新聞記者や評論家，社会学者が問題を分析する際にも行っている常套手段である。これと基本的には同じ思考に導く必要がある。

読取り・比較・わかったことをまとめるポイントとして作図・作表にしっかりと時間をとることが案外大切である。さらに，地図はスケールをグラフは年代や量（数）を，表は対比を厳密にすることがポイントである。

　わかったことをまとめるポイントとしては，図や表にした結果，はっきりと表れる傾向を文に変換させる指導である。「集まっている」「次第に増えている」「関係がある」「この場所（年代）だけが傾向が異なる。何か理由があるのでは？」と思考を深めさせる発言を引き出すよう手立てを打つのである。特に一枚の図からは，様々な言語表現が生み出されるので丁寧な読取りをおススメしたい。このように社会科から入り，自分の意見や提案を総合でプレゼンテーションできるよう位置付けたい。

第6節　持続可能な社会を創る主体としての自覚

　今後，学校や教員はどのような子どもの育成を目指すべきなのだろうか。ふるさとに誇りを抱き，社会を生き抜く力を育てるといったフレーズはしばしば学校案内の冒頭で見かける。しかし，消滅自治体も論議されるなど，ふるさと自体が今や危機的な状況に陥ってきている。「生きる力」は今でも教育界のキーワードであるが，同時に「変化を生み出せる力」こそ大事ではなかろうか。「変化を生み出せる」とは，未来社会をイメージでき，そこへ向かって今どのように仕事を生み出せるかと発想できる，バックキャスティングの考え方に関わっている。

　例えば，再生可能エネルギーが話題になっているが，地球温暖化を少しでも防ぐため，化石燃料を燃やす発電割合をどう変えていけるか。安易に，CO_2をほとんど出さない原子力発電への依存を高めて良いかどうか，いろいろな発電方式を組み合わせるエネルギーミックスの政策をどう考えるか，節電や節水，廃棄物の発生抑制を日常の生活で実行できるか，などエネルギー問題はESDの題材としても有効だ。こうした問題にも教師は関心を抱き，総合学習を展開していってほしい。愛知県豊田市では，国からSDGs未来都市に選定されたのをきっかけに「とよたエコフルタウン」という実験的な施設を造っている。そこにはSDGsの学習を助ける展示館や水素や電気で走る自動車の試乗，壁面緑化した住宅，シンボルツリーとミニ水田・畑のある暮らし，有機野菜で食するレストランなどの施設が建ち並らび，コンパクトな街の展示となっている。児童生徒にとって訪問するだけで，SDGsの意味するところが理解できるようになっている（写真参照）。興味のある方は，ホームページを検索してほしい。

SDGsのロゴマークが入った燃料電池バス

壁面緑化の解説板

試乗ができる小型電気自動車（乗車しているのは筆者）

　実社会のリアルな問題を扱う総合学習は，いわば学校でできる人材育成の切り札であり，生きて働く学習場面を用意することで児童生徒に効力感を抱かせることができる。しかしながら，現実には学校外に引率する教員不足や安全管理への懸念，地域連携の手間の大きさ，教師自身の社会経験の不足から来る知識不足なども邪魔をして学校の目の前に格好の教材や現象，社会的現実があってもそれを題材にできない事情が一部にある。また一度，編成した年間指導計画を変えられない硬直化した体制も残っている。

　そこで教師も万能ではないため，もっと企業や社会の諸団体から教材やノウハウを学びとる必要があろう。ESDが光を当てる学習課題は，教科書という紙の中に書かれているだけではなく，現実の社会の中にあるのだから。

課　題
1. 自分の住む自治体を例に子どもたちにレジリエンス（回復力）を獲得させる防災の学習
　単元を構想しなさい。
2. あるべき未来社会をイメージしつつ，それを支える人材として目の前の子どもたちにど
　のような学びや体験が必要なのか，自分なりに書き出しなさい。

参考文献

NPO法人日本エコツーリズムセンター編『平成30年度地球環境基金助成事業—100年先を見すえ
　た地域づくりのために』（記録集＆資料集），2019年
寺本潔著『教師のための地図活—地図帳・地球儀・防災・観光の活かし方—』帝国書院，2017年

Ⅲ　ホールスクールアプローチによる総合学習の実践

グローバル化に対応した
多文化共生の課題と展望

　国をあげて「グローバル人材」育成を目的に英語教育改革が進められているが，公立学校のグローバル化は日本語も英語も母語としない児童生徒が増加していることが現実である。すべての子どもが学べるようにすることは，SDGsの目標とも一致する。本章では，そのような日本語も英語も母語としない児童生徒が学校で直面するハードルについて理解した上で，教室における多文化共生のために学校や担任が実践できる具体的な方法やリソースを紹介していく。各学校の地域・児童生徒の実態にあった実践にアレンジしていただきたい。

キーワード　日本語指導が必要な児童生徒　多文化共生　グローバル市民　SDGs

第1節　グローバル化する学校

　文部科学省が実施している「日本語指導が必要な児童生徒の受入状況等に関する調査（平成30年度）」を見ると，日本語指導が必要な児童生徒は10年間で1.5倍に増えている。日本語指導が必要な児童生徒の中で，外国人児童生徒は10年間で1.4倍に，日本国籍児童生徒は10年間で2倍増えている。つまり，国籍や容姿だけで判断できない多様な児童生徒が増えている（図6-1）。

　平成30年度の「日本語指導が必要な外国籍の児童生徒の在籍状況」を都道府県別在籍数で見ていくと，愛知県（9100人），神奈川県（4453人），東京（3645人），静岡県（3035人）が他の自治体よりも飛び抜けて多い。ポルトガル語を母語とする児童生徒が多くを占めるが，在籍に地域差があることが特徴といえ

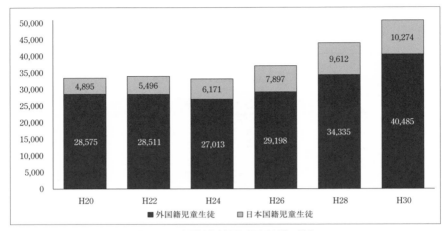

図6-1　日本語指導が必要な児童生徒数の推移

＊小学校・中学校・高等学校・中等教育学校，義務教育学校，特別支援学校を合わせた数字としている。

出典：文部科学省（2019）「日本語指導が必要な児童生徒の受入状況等に関する調査（平成30年度）の結果について」

る。背景には，1990年に施行された出入国管理及び難民認定法（入管法）の改正がある。「単純労働」に従事する外国人に対する規制が日本国籍をもっている南米の日系人に対して緩和されたことで，多くの日系人が来日し，工場のある地域に定住していったことがあげられる。

　2008年の「日・インドネシア経済連携協定」および「日・フィリピン経済連携協定」により，インドネシアやフィリピン人看護師・介護福祉士候補者が来日するようになった。また，2017年度より，経済連携協定（EPA）に基づいて来日した外国人の介護福祉士の働き場は施設だけでなく，訪問介護にも広げられた。さらに，2019年4月より，改正入管法に基づく新たな在留資格「特定技能」の運用がスタートし，これまでの外国人労働者は「専門的・技術的分野」に限定していたが，今回の改正で熟練していない労働者を含めて受け入れることになった。

　これらの協定や法律の改正が日本語指導を必要とする児童生徒の増加に影響し，今後も多様な児童生徒はますます増えていくことが予想される。

第2節　多文化共生と学校の現実

　平成30年度の日本語指導を必要とする外国籍児童生徒が在籍している7753校（全学校種）のうち，5名未満の学校は74％（5741校）を占める。日本語指導を必要としている日本籍児童生徒は3654校に在籍し，そのうち5名未満の学校は86％（3130校）を占める。

　小学校で日本語指導を必要としている児童生徒のうち外国籍児童生徒が5名未満の学校は全体の72％，日本国籍児童生徒が5名未満の学校は84％になる。この数字からわかるように，日本語指導を必要としている児童生徒は1校に5名未満と少なく，学年も母語も異なるため，クラスに点在するようなケースが多い。したがって，教員を加配したいと思っても，加配に必要な人数に至らず，担任や学校任せになっているのが現実である。

　また，日本語指導を必要とする児童生徒の母語を見ると，ポルトガル語，中国語，フィリピン語，スペイン語の順に多い。全体に占める割合は，ポルトガ

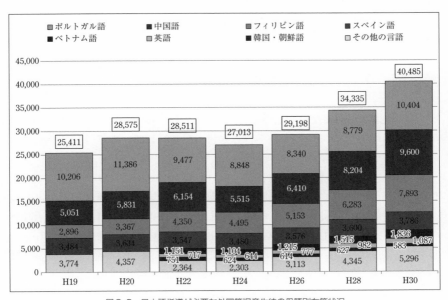

図6-2　日本語指導が必要な外国籍児童生徒の母語別在籍状況
出典：文部科学省（2019）「日本語指導が必要な児童生徒の受入状況等に関する調査（平成30年度）」

ル語26％，中国語24％，フィリピン語19％，スペイン語9％とこれらの4言語が全体の78％を占めている（平成30年度）。つまり，小学校で英語が教科化されたが，公立学校におけるグローバル化の現実は，日本語も英語も母語としない児童生徒が増加しているのである（図6-2・前ページ）。

　文部科学省は「グローバル人材」育成を推奨し，小学校における英語授業の教科化を実施し，教員研修ではミドルリーダー育成を推進している。しかし，公立学校のグローバル化は，日本語も英語も母語としない児童生徒が増加しており，教員を加配できる人数にも至らないために応急処置的に担任まかせにされていることが大きな課題である。
　第1節で述べたように，日本語も英語も母語としない児童生徒が今後も増加していくことが予想される。しかし，日本の教員は，小学校・中学校ともにOECD国際教員指導環境調査の参加国・地域の中で1週間当たりの仕事時間が最長と非常に多忙である（日本経済新聞，2019）。優秀な教員たちが疲弊しないようにするためにも，また，グローバル市民を育成するチャンスとして活かしていけるようにするためにも，地域や利用できる施設／団体についての情報やアクセスを学校側がもつことが重要である（資料1 = p. 95参照）。

第3節　多様な児童生徒の支援

　「日本語指導が必要ない」と判断された子どもたちの中には，社会生活言語(生活言語）が理解できていても，学習思考言語（学習言語）の獲得にまで至っていない場合が多い（清水・柿本，2003）。
　担任は，休み時間などに友達と遊んでいる姿，皆と同じように行動している様子を見て「やれている」と判断する傾向にあるが，休み時間などのコミュニケーションは生活言語の範疇になる。つまり，学級担任が学習言語と生活言語の違いを十分に理解していない状態で，生活言語だけを見て「やれている」と判断する傾向があり，「やれている」と判断すると，教師はそれまでの「手厚い支援」から「特別扱いしない」方向へと転換しがちであることが指摘されている（清水・柿本，2003）。
　当事者の子どもは，教師に「やれている」と思われることを心地よいと感じ，

「わからない」と言える場を失い，「不安な毎日」が表面化するのを恐れて，やれている「ふり」に向かうが，「やれている」状態が，必ずしも日本語能力の向上によって生まれているわけではない（清水・柿本，2003）。

　したがって，生活言語でのやり取りで判断せず，言語レベルの測定基準など，文部科学省が推奨している外国人児童生徒のための日本語能力測定方法（対話型アセスメント：略称「DLA」など）を活用できる専門家と連携しながら支援していくことが必要である（文部科学省，2014）。

　また，学校では「平等」が重視され，「外国人だからといって特別扱いしない」という言葉がよくあがるが，他の一般児童たちと言語および文化面で同じスタートラインに立っていないことを考慮すると，むしろ「公平・公正」を意識していくことが重要である（志水・清水，2001，志水，2003）。

　SDGsの視点から見ると，日本での生活経験が少ないマイノリティの児童生徒が戸惑う日本の学校の常識や慣習について，教師が理解を示していくことも求められる。日本で生まれ，日本で育っている者にとって，日本の学校での「当たり前」の習慣やルールには，海外で生活をしてきた者にとっては困惑するものも少なくない。本章最後の「資料2」に外国につながりを持つ児童生徒が戸惑う「学校の当たり前」や先生の言動を紹介している。教室にいる子ども1人1人の理解を深めるためにも，その子どもおよび保護者がどのような文化圏から来ているのか，地域のリソース（資料1参照）などを活用して事前リサーチしておけると良い。

　また，多文化共生を目指していることを学校や教師が発信していくことも大切である。教室にその国や地域についての絵本や児童書などを置く「多文化コーナー」を設けるなど，教室環境を工夫することで子どもたちに多様性を受け入れていく見本を示すこともできる。多文化は楽しい！という肯定的な経験ができるように，教師自身に楽しく取り組んでもらいたい。そのためにも，地域や利用できるリソースを有効に活用していってほしい。

第4節　授業サンプル

　グローバル化に対応した多文化共生を目指し，持続可能な社会の担い手となる市民性の育成は，グローバル市民の育成であり，SDGsにもつながる。総合

学習は，教科横断的にそのような多文化共生を目指した授業を進めやすい。本節では，日本の学校で戸惑いを感じている外国につながる子ども達に対する共感的理解を促進する活動を盛り込んだ授業サンプルを紹介するが，あくまでもサンプルとし，地域や児童の実態に合わせてアレンジしてほしい。

　なお，共感的理解は1回の授業で定着するものではないので，様々な題材で子どもたちが実感しながら繰り返し学んでいくことが大切である。

　授 業 名：「当たり前」のかべをこえよう！

　対象学年：小学4年生以上

　授業目的：異文化の中での戸惑いや不安を疑似体験し，多様な人々に対する共感的理解を深める。

　到達目標：
・異文化の中での戸惑いや不安を疑似体験し，共感的理解を示す言葉をあげることができる。
・自分たちの「当たり前」が「当たり前ではない」ことを示す言葉を感想などで述べられる。
・クラスの中にいる多様なルーツを持つクラスメイトに寛容に対応することができるようになる。

　必要なもの：
・PC，プロジェクターまたはスマートボードに資料4（100ページ）のパワーポイント版をダウンロードしておく。
（PCおよびプロジェクターがない場合は，模造紙などに資料4のPDF版を拡大印刷して使用）
・ストップウォッチ（グループの数だけ必要）
ストップウォッチの数が足りない時は，スマートフォンを利用することもできる（ただし，スマートフォンについては学校のルールに合った範囲で）。
・ワークシート（資料3（98ページ））
　なお，日本語でのコミュニケーションが難しい児童がいる場合は，多言語に対応できるポケトークやグーグルの翻訳アプリ（無料）などを用意できると，教師の指示などもその場で通訳できる（音声付き）。

授業案：

流れ	児童への指示および学習内容	指導上の留意点
導入 3分	違う地域に行って，言葉や当たり前が違って驚いた経験がありますか？（東北弁，大阪弁，京都弁，外国語，etc.） 今日は，私たちの当たり前が当たり前ではないことを発見していきましょう。 板書：「当たり前」のかべをこえよう！	身近なところにある異文化に気づけるようにする。
展開 30分	1．読むアクティビティ（資料4）（5分） 「当たり前」のかべをこえるために，2つの実験をします。 実験①：これから，あるルールに沿って書かれた文章（資料4）を読んでもらいます。ペアを組み，読む人と時間を計る人に分かれます。時間を計る人は，ストップウォッチの用意をしてください。 読む人は「よーい，スタート！」と言われたら，声に出して読みます。読み終わったら，大きな声で「はい！」と言います。 時間を計る人は「よーい，スタート！」と言われたら，ストップウォッチをスタートし，パートナーが「はい！」と言ったらストップウォッチを止めます。そして，タイムをワークシートに書きます。 用意は良いですか？　では，よーい，スタート！ 実験②：さっきと同じように，読む人は声に出して次の文を読みます。時間を計る人も，さっきと同じように時間を計ります。 用意は良いですか？　では，よーい，スタート！ 結果の確認： では，皆さんの結果を聞いていきます。 1回目と2回目，どちらの方が早かったですか？ 1回目の方が早かったペアは手をあげてください。 今度は，2回目の方が早かったペアは手をあげてください。 （2回目の方が早いペアが圧倒的に多くなる） 2．考える　（7分） 実験①も実験②と同じようにルールをつくりました。	全員が役割確認をしたら始める。一度，ストップウォッチの練習（動作のみ）をする。

どんなルールがあったか考えてみましょう。

実験①のルールに気づいた人はいますか？（児童の回答）

実験①では，英語のルールで言葉と言葉の間に一つスペースをあけるかわりに，アルファベットのXをつけました。また，実験①は各アルファベットに色を決めてつけていました。

では，実験②はどうですか？　当たり前に書かれていますが，そのルールとは何ですか？

（児童の回答）

実験②は英語のルールの通りに，言葉と言葉の間に一つスペースをあけています。また，それぞれの言葉に対して色をつけていましたね。でも，色のつけ方は，どうでしたか？

（児童の回答）

（児童から適切な答があれば）そうです！

赤色はredって知ってるでしょ？「赤い何々」は赤色に，「黄色い何々」は黄色になっていましたね。

では，なぜ，2回目の方が早かったと思いますか？

4人グループで相談してください。

グループで出るだけアイディアを出してください。

（机間指導をしながら，良い案を書いたグループに目星をつける）

では，発表してくれるグループ？

手が上がらなければ，目星をつけていたグループを指名。

3．共感的理解を深める　（9分）

実験①では，読むのに時間がかかって，大変でしたね。なんで？

実験②の時は，私たちが知っている言葉の意味と色が一致していました。どうしてかな？（児童の回答）

そうですね，言葉の意味とルールを知っていると，スムーズに読めました。だから，自分の知らないルール，違う言葉の中で読んだり，勉強したりするっていうことは，とても大変なことだとわかりますね。では，ワークシートに書きましょう。

体験したことを言語化する支援をする。

```
板書
 1．実験からわかること

      ↓

 違う言葉やルールの中で勉強するのは，とても大変。
```

	もし，みんなが言葉やルールの違う国や地域の学校に行くことになったら，どんな気持ちかな？ じゃあ，違う言葉やルールの国や地域から来ている人が○○○小学校で過ごしやすくするにはどうしたら良いかな。学校にできること，みんなにできることをグループで思いつくだけ書いてください。	児童の反応を見る。 机間指導：良い案を書いているグループに目星をつける。
	板書 　２．だれにとってもいごこちの良い教室や学校するにはどうしたら良いか？	
	４．共有する（9分） では，発表してくれるグループ？	
	板書 ・ゆっくり話す／聞く。 ・わかりやすいように絵や図で説明する。 ・ジェスチャーをつけたり，実際に見せて話す。 ・一度にたくさん話さない。 ・教室に違う文化の友達がいたら，その子の文化の絵本や本のコーナーをつくる。 ・遊びを教えてもらって，いっしょに遊ぶ。etc.	手が上がらなければ，目星をつけたグループを指名する。
まとめ 12分	素敵なアイディアがたくさんでましたね。では，皆さんのワークシートに書いていなかったもので良いな！と思うものを3つ書き足しましょう。 今日学んだことは，どんなことですか？ （児童の回答） 私（先生）も，今日，皆さんが出してくれたアイディアを，できることからやっていきたいです。（具体的にその教室でできることを再度伝える）	子どもたちの回答と同じ板書を示めしながら，リフレーズして確認する。

評価：
・アクティビティの後，異文化の中での戸惑いや不安を疑似体験し，共感的理解を示す言葉を発することができる。
・自分たちの「当たり前」が「当たり前ではない」ことを示す言葉を感想などで述べられる。
・多様なルーツを持つクラスメイトに寛容に対応することができるようになる

（長期的に見ていく）。

おわりに

　本章では，公立学校のグローバル化は日本語も英語も母語としない児童生徒の増加について，政府の施策や法改正に触れながら説明した。国籍・言語・文化にかかわらず，すべての子どもが学べるようにしていくことはSDGsの目標を実現していくためにも必要なことである。

　しかし，現実では一つの学校に日本語指導を必要とする児童生徒が5名未満というケースが多いため，それらの児童生徒への支援はボランティアや学級担任に委ねられることが多い。

　多くの期待と業務を背負っている教員が疲弊しまわないようにするためにも，多様な文化背景をもつ児童生徒や保護者の支援に役立つリソース（資料1）を活用し，多様な文化背景を持った児童生徒や保護者の不安や戸惑い（資料2）を理解し，寄り添っていくことが大切である。

　サンプルの授業案も，あくまでもたたき台として，その学校，児童生徒に合わせて調整することが不可欠である。

課　題
1. 公立学校で増加している日本語を母語としない児童生徒の背景と特徴について説明しなさい。
2. 日本語を母語としない児童生徒や保護者の支援で教師が気をつけるべきことをあげなさい？
3. 教室における多文化共生のために，あなたの教室でできることをいくつかあげなさい。

参考文献

志水宏吉「すべての子どもに『特別扱い』を―ニューカマー問題を考える―」『ねざす』神奈川県高等学校教育会館教育研究所，2003年〈http://www.edu-kana.com/kenkyu/news/no44.html〉〈アクセス　2020年3月2日〉

志水宏吉・清水睦美編著『ニューカマーと教育―学校文化とエスニシティの葛藤をめぐって』明石書店，2001年

清水睦美・柿本隆夫著「外国籍児童生徒と学校教育」駒澤大學教育学研究論集　第19号，2003年
日本経済新聞「教員の仕事時間，小中とも最長　OECD調査」2019年6月19日
文部科学省「日本語指導が必要な児童生徒の受入状況等に関する調査（平成30年度）の結果について」文部科学省，2019年〈https://www.mext.go.jp/content/1421569_002.pdf〉〈アクセス2020年2月10日〉
文部科学省（2014年）「外国人児童生徒のための　JSL対話型アセスメント　DLA」〈https://www.mext.go.jp/component/a_menu/education/micro_detail/__icsFiles/afieldfile/2018/05/24/1405244_1.pdf〉〈アクセス2020年2月10日〉

資料1：支援に役立つリソース

　以下は，外国につながりを持つ児童生徒および保護者支援に役立つサイトを紹介している（五十音順）。地域の相談窓口，支援情報については，「多文化」「相談」「地域名」，あるいは「外国人・児童生徒」と「地域（あるいは自治体）」を入れて検索するとよい。

(1) 教材・資料

・愛知教育大学「外国人児童生徒支援リソースルーム」
　〈http://www.resource-room.aichi-edu.ac.jp/kyozai.html〉

・かながわ国際交流財団〈http://www.kifjp.org/shuppan/guidebook〉
　保護者と学校のコミュニケーションシート，外国につながりのある子どもがホッとする授業づくりなどの資料あり。

・多文化多言語共生センター（東京外国語大学）「外国につながる子どもたちのための教材」
　〈http://www.tufs.ac.jp/blog/ts/g/cemmer/social.html〉

・文部科学省「海外子女教育，帰国・外国人児童生徒教育等に関するホームページ　CLARINET」
　〈http://www.mext.go.jp/a_menu/shotou/clarinet/main7_a2.htm〉

(2) 日本語支援

・東京学芸大学　国際教育センター　JSLカリキュラム活用支援サイト
　「こどものにほんご」〈http://crie.u-gakugei.ac.jp/nihongo/01event/〉

・日本語読解学習支援システム「リーディングチュウ太」
　〈http://language.tiu.ac.jp/index.html〉
　日本語の語彙レベルを判定できる。川村よし子教授（東京国際大学）が運営。

（3）教育委員会の資料

・埼玉県教育委員会
「児童生徒・保護者の支援のための日本語学習補助教材・参考資料」
〈http://www.pref.saitama.lg.jp/f2214/kikokugaikoku-nihongokyouzai240120.
html〉

・千葉県教育委員会「外国からの子どもたちと共に（母国の教育事情）」
〈https://www.pref.chiba.lg.jp/kyouiku/shidou/gaikokujin/gakkou-sensei/
bokoku.html〉
46カ国の外国人児童生徒の母国の教育制度や生活習慣などについての資料。
総合学習の国際理解教育の教材としても活用可能。

・東京都教育委員会「たのしいがっこう」&「日本語指導ハンドブック」
〈https://www.kyoiku.metro.tokyo.lg.jp/school/document/japanese/〉

・三重県教育委員会「外国人児童生徒教育関連」ガイドブック
〈http://www.pref.mie.lg.jp/GAKOKYO/HP/46437025577.htm〉

（4）総合施設

・神奈川県立地球市民かながわプラザ（通称　あーすぷらざ）
〈http://www.earthplaza.jp/〉
外国人相談窓口，世界の絵本・児童書，教材の充実した図書館，体験型国際
理解展示室あり。出張講座・研修会なども実施。

資料2：外国につながりを持つ児童生徒が学校で戸惑うこと

（1）学校の当たり前

・なぜ，上履きに履き替えるのか？（室外と室内の区別がない文化もある）
・なぜ，掃除をするのか？（掃除専門スタッフがいて，子どもが掃除をしない
国も多い）
・なぜ，雨天で延期となった運動会を日曜日にするのか？（日曜に礼拝に行く
習慣のある文化圏は，日曜に学校行事を入れたがらない）

・体操着や水着に着替えないといけないの？
（肌を見せられない文化圏の人は，女子用のブルマや水着に躊躇する）
・給食は食べないといけないの？
（宗教的に豚肉や牛肉を全く食べられない人がいる。最近はアレルギーの問題もあるので，「残さずに食べよう！」とは言えなくなっている）

（2）先生の言動
・子どもの頭をなでる。
タイの一部の地域など，頭を神聖なものとして，触ることがタブーな文化もある。

・「がんばれば，何でもできる！（何にでもなれる！）」と言う。
将来，「消防士になって，人を助けたい！」「警察官になって，みんなを守りたい」と夢をもつ子どもたちも少なくないが，今の法律では日本国籍がないと治安に関わる公務員になれない。「ありのまま」では，なりたいものにもなれない現実があることを踏まえて，言葉を選んでほしい。

・「母語文化を知っている」という前提で，出身国について紹介させる。
母国で過ごした期間や時期，あるいは保護者の就労時間によって，親から母語文化を学ぶ機会が十分にないことも少なくない。また，一つの国や地域の中にも多様な文化が共存している。「日本 対 外国」と日本語を母語としない児童生徒を「学ぶ対象」のように位置付けてしまわないように気をつけることも必要である。

・「日本人なのに，読めないの／知らないの？」と言う。
名前や容姿が一般児童生徒と同じようでも，多様なルーツを持つ子どもたちもいる（帰国児童生徒，中国帰還者の家族，在日中国人，在日韓国／朝鮮人など）。偏見や差別を恐れて，本名を使わずに生活している人もいるので，言葉に注意が必要である。

・「日本人は昔から〜」とステレオタイプ化する。
日本人も多様化している。日本に生まれ育った多様なルーツを持つ人たちは，

「日本人は～」と言われた時に自分たちもそこにカウントされているのか気になるところである。

・読み方の難しい名前を，何度も聞き返す/読み直す。
　在日外国人（特に中国系韓国系）の子どもたちの中には，「先生に名前を正しく呼んでもらえない」「何回も読み方を確認される」経験を持っている子どもが少なくない。韓国名や中国名で通している人や，通名を家庭環境調査票に書く人もいるので，学年の引き継ぎでは，名前の読み方などの丁寧な引き継ぎが必要である。

資料３：ワークシート

　学年に合わせて，言葉を調整する。以下より，ダウンロードできる。
http://www.tamagawa.ac.jp/teachers/edu/ohtani/worksheet.docx

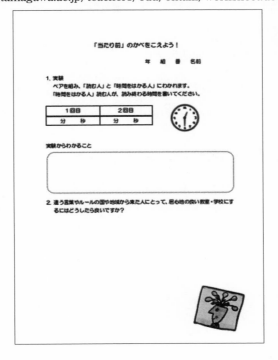

資料4-1：授業で使う教材（高学年用パワーポイント）

　教室にプロジェクターやスマートボードがない場合は，以下よりダウンロードしたものを拡大印刷（カラー）などする。また，児童に合わせてアレンジされる場合は，パワーポイントのファイルを使う。

パワーポイント

http://www.tamagawa.ac.jp/teachers/edu/ohtani/sample1-2.pptx

PDFファイル

http://www.tamagawa.ac.jp/teachers/edu/ohtani/sample1-2.pdf

実験 1: あるルールにそって書かれています。 暗号をとき、読んでみましょう。	実験 2: あるルールにそって書かれています。 暗号をとき、読んでみましょう。
redxapplexyellowxbanana xbluexbagxblownxdogxblackxsheep xpinkxpigxgreenxteaxyellowxcheese xgreyxelephantxpinkxpeach xbluexfishxredxpantsxblackxcat xorangexcupxgreenxdress	red apple yellow banana blue bag blown dog black sheep pink pig green tea yellow cheese grey elephant pink peach blue fish red pants black cat orange cup green dress

資料4-2：授業で使う教材（低学年用パワーポイント）

　教室にプロジェクターやスマートボードがない場合は，以下よりダウンロードしたものを拡大印刷（カラー）などする。また，児童に合わせてアレンジされる場合は，パワーポイントのファイルを使う。

パワーポイント

http://www.tamagawa.ac.jp/teachers/edu/ohtani/sample-a-b.pptx

PDF ファイル

http://www.tamagawa.ac.jp/teachers/edu/ohtani/sample-a-b.pdf

実験 1：あるルールにそって書かれています。
　　　　暗号をとき、読んでみましょう。

あかいいちごんきいろいばななん
あおいくつんちゃいろいいぬん
くろいひつじんももいろのぶたん
みどりいろのはっぱんきいろいはなん
はいいろのぞうんももいろのふくん
むらさきいろのふくろん

実験 2：あるルールにそって書かれています。
　　　　暗号をとき、読んでみましょう。

あかいいちご　きいろいばなな
あおいくつ　ちゃいろいいぬ
くろいひつじ　ももいろのぶた
みどりいろのはっぱ　きいろいはな
はいいろのぞう　ももいろのふく
むらさきいろのふくろ

━ コラム ━

先生はチャンスの扉を開く人

　筆者が多文化共生に興味をもつようになったのは、私自身が小学生時代に苦労した経験があるからである。私の祖母は、当時イギリスの植民地だったインドで生まれ、海外で子供時代を過ごした。母は中国生まれで、幼少期に引揚者として祖父母と日本に帰国した。みんな日本国籍だが、私の家庭文化は他の家と少し変わっていたので、入学した公立小学校では常に不安と困惑があった。

　「他の子と違うと思われたくない」と、周囲の様子を見たり、何をするのか聞いたりしていると「キョロキョロしている」「おしゃべりしている」とよく注意をされた。母はたくさんの読み聞かせをしてくれたが、文字は学校で学ぶものと考えていたので、家庭で文字を習うことなく小学校に入った。ひらがなが書ける状態のクラスメイトが多かったため、とにかく圧倒されることの連続だった。ひらがなの「ち」と「さ」が混乱し、自分の名前「ちえ」が「さえ」と鏡文字になることもあった。担任の先生は、私が特別学級に行くべきと、母に勧め、知能検査も受けた。結果は、IQには問題がないということで通常学級に残ることになった。でも、担任の先生に期待されていないことはわかっていた。しだいに自信がなくなり、一時期は学校に行こうとするとお腹が痛くなったり、吐いたりと、不登校の状態になった。

　そんな私が変われたのは，3年生の時に新しい担任の先生と出会って
からです。私の創作した物語を読んで「すてきなお話」と褒めてくださっ
た。それが嬉しくて，褒められたくて，毎日お話を書いて先生に見せた。
物語もだんだん長くなり，文章を書くことが楽しくなった。それが自信
となり，苦手だった給食もたくさん食べられるようになって体力もつい
ていった。友達も増え，気づくと学校は楽しいところになっていた。勉
強もできるようになり，先生との出会いで人生が変わったと思う。
　先生の言葉や態度は，その子だけでなく，周囲の子どもにも大きな影
響を与える。先生は，チャンスの扉を開いてくれるドアキーパーといえる。
子どもたちのチャンスの扉を開く先生を目指してほしい。

インドでの家族写真（祖母はインド人のお手伝い
さんの腕の中の赤ちゃん）

大正5年（1920年）7月撮影，祖母10歳の誕
生日記念写真

第 **7** 章

地域と連携したSDGsおよび
ESD教育実践のモデル構築に向けて
―ユネスコスクールの事例から―

　本章では，横浜市の小学校を事例に，総合的な学習の時間を中心にしたSDGs目標
達成に向けたESDの取組（以下ESD/SDGsと表記）について紹介する。開校宣言，
学校教育目標の具現化という学校マネジメントのダイナミズムにおける総合的な学習の
時間の位置づけは，それぞれの学校のもつ地域性や地域課題へと対応するカリキュラム
マネジメントとしても参考にしてもらいたい。

キーワード　ユネスコスクール　ホールスクールアプローチ　単元構想　ロジックモデ
　　　　　　ル　ESD　開校宣言

第1節　ESDを柱とした学校づくり

1. 開校宣言・学校教育目標

（1）開校宣言

　いずれの学校においても，その開校に際して，その地域の特性や社会背景を
もとに，期待される学校像やミッションが示される。それが開校宣言である。
　2018年4月に開校した横浜市立みなとみらい本町小学校（以下，MM小学校）
では，横浜市の中心部であるみなとみらい地区の特性を活かし，「持続可能な
社会の担い手を育む」ことが明記されている。開発プロジェクトが始まり約
30年になるみなとみらい地区は，横浜市の経済，賑わいの中心地であり，多

くの企業や研究センター，商業施設，集客施設が集まっている。居住人口約9000名，就労人口約10万人，年間来街者約8000万人というまちである。そのようなまちの学校として，前述の開校宣言のもとスタートした。

横浜市立みなとみらい本町小学校「開校宣言」

平成三十年四月一日
横浜市教育委員会

小学校の開校を宣言します
ここに横浜市立みなとみらい本町
発展することを期待し
社会の担い手を育む小学校として
豊かな資源を活かし持続可能な
潤いのある都市みなとみらいの
あり水と緑と歴史に囲まれた
横浜の経済・賑わいの中心で

開校宣言

(2) 背景

MM小学校が持続可能な社会の担い手を育てる，すなわちESDを柱とした学校づくりに取り組む背景には，以下のことがある。

みなとみらいの地域性

みなとみらい地区という恵まれた環境であるからこそ，サービスを享受する立場からでなく，よりよい社会づくりに主体的に関わろうとする態度を育てる必要がある。

社会に開かれた教育課程の具現化

よりよい学校教育を通してよりよい社会を創るという理念を学校と社会とが共有し，社会との連携及び協働によりその実現を図っていくという「社会に開かれた教育課程」の具現化として，ESDは非常に親和性が高い。

横浜市としての方向性

横浜市では横浜の教育が目指す人づくり，横浜の教育が育む力及び横浜の教育の方向性を示した「横浜教育ビジョン2030」の具現化に向けて，「第3期横浜市教育振興基本計画」が策定されており，その冒頭に「持続可能なみらいの創造」が挙げられており，教育行政の方向性と合致している。また，横浜市は国より「SDGs未来都市」としての選定を受け，全市をあげてSDGsに取り組んでおり，教育行政のみならず全市の方向性とも合致している。

(3) ESDにより期待する成果

ESDを柱とした学校づくりを進めることで，子どもだけでなく，大人（社会）への影響も期待される。

子どもの変容

　ESD/SDGsの視点をもった様々な活動（総合的な学習の時間，児童会活動他）により，多様な大人（社会）と関わり，そこでの評価や価値づけされることを通して，次のような成果が期待できる。

○自分の生活と社会との関わりへの理解を深め，社会参画意識の向上がみられる

○テストのスコアとしての結果ではなく，自らの学びや活動を通して得られる多様な大人（社会）からの評価や価値づけにより，よりよい社会づくりに参画，貢献するという学ぶことの意味への理解が深まる

○世界と繋がった学びや活動を通した自己有用感，地球市民性の向上がみられる

大人（社会）の変容

　ESD/SDGsの視点をもった様々な活動に，社会の多様な大人が関わることにより，次のような成果が期待できる。

○子どもの活動や変容を通して，保護者や地域関係者の持続可能な社会づくりに向けた理解や意識の向上

○多様なステークホルダーとともに，子どもや次世代育成，学校教育への理解を深め，社会総掛かりで持続可能な未来社会の構築に向けた基盤づくり

教員の変容

　ESD/SDGsの視点をもった授業や活動を進めるには，教員のもつ知識だけでは不可能である。現在の社会のもつ課題，持続不可能性については，SDGs等により一定の提示は可能であるが，その背景や課題解決に向けた方法論，さらに今後の予測不能な社会の中での持続可能性の実現といった，大人（社会）ですら正解を見出すことのできていないテーマを扱うことになる。子どもたちがそのような学習テーマについて課題解決学習を進めるためには，教員の機能も従来と大きく変容する必要がある。

○教員のもつ既存の知識体系をわかりやすく伝達し，習得させるという従来の授業形式だけでは子どもの学びが成立しない。教員を含め，大人（社会）も正解を求めて悩み，努力している姿を示し，社会のもつ知とともに学びを深める環境をいかに作り出せるかが教員の重要な機能となる。

（4）学校教育目標

　MM小学校では，前述の開校宣言を受けて，児童の実態をもとに，「持続可能な社会の担い手」の姿として「学校教育目標」を策定した。

学校教育目標『みな（皆）とみらい（未来）を創る子』
　　・「問いを見出して学び続ける」
　　・「多様性を認められる」
　　・「多面的・多角的に物事を捉える」
　　・「豊かな心をもつ」
　　・「まちに愛着をもつ」

　学校教育目標は，子どもが「持続可能な社会の担い手」となるために必要な力を，常に子ども・教職員・保護者・地域関係者らと共有するためのものである。持続可能な社会を創り，担い手として必要な力は多様であるが，地域性や子どもたちの実態から，優先順位の高い5つが挙げられている。

「問いを見出して学び続ける」
　繰り返し身近なものに問題意識をもち，探究的に解決することを通して，よりよい社会や生活を創ろうとする

「多様性を認められる」
　自分の内面と向き合い，自他の違いを認め，多様な文化や価値観を他者と共有しながら協働することで，自分なりの考えを見出せる

「多面的・多角的に物事を捉える」
　一つの側面だけではなく，さまざまな立場や視点で物事を柔軟に捉えられる

「豊かな心をもつ」
　豊かな感性を養いながら，多様なかかわりの中で自己の心身と向き合い豊かな心や健やかな体を育む

「まちに愛着をもつ」
　まちと学び，これからの私たちのまちの未来をとらえ，語ったり考えたり，行動したりし，このふるさとに誇りをもつ

　開校宣言同様，すべての学校には学校教育目標がある。その学校のある地域性や時代性，社会性を背景に，子どもの実態に合わせて，各学校の目標が策定

されている。その目標の達成に向けて，教科等や行事を計画・実践することがカリキュラム・マネジメントである。国から示される学習指導要領をベースに，学校ごとの目標の達成に向けた特色ある教育活動が展開されている。

　MM小学校では，開校宣言，学校教育目標，各学年・各学級での教育活動に向けてESDという一貫した柱をもつことにより，各学級・各時間の授業や活動と学校づくりが一体的に進むこととなり，スクール・マネジメントとカリキュラム・マネジメントが表裏一体となった好例といえる。特に総合的な学習の時間が核となり，教科等や特別活動，行事，さらに地域との連携が連動し，児童・保護者・地域・教職員の一体感の醸成にも大いに寄与している。

2. ユネスコスクールの価値

　ESDを柱とした学校づくりを進める上で，ユネスコスクールの価値は大きい。文部科学省および日本ユネスコ国内委員会では，ユネスコスクールをESDの推進拠点と位置付けている。世界182の国・地域で1万1000校以上のユネスコスクールがあり，日本国内の加盟校数は1100校を超え世界最多となっている。

　ここでは，ユネスコスクールならびにESD/SDGsを推進する上で有用な代表的なWEBサイトを紹介する。

(1) ESD推進のサポート

　「ユネスコスクール公式サイト」

　http://www.unesco-school.mext.go.jp/

　ユネスコ・アジア文化センター（ACCU）の運営するユネスコスクールの公式サイト。ユネスコスクールへの加盟申請手続きや，ESDに関連する様々な情報がアップされている。

　「ユネスコスクール支援大学間ネットワーク（ASPUnivNet）」

　http://www.unesco-school.mext.go.jp/ASPUnivNet/

　ユネスコスクールのパートナーとして，ユネスコスクールの活動を支援する大学ネットワーク。ユネスコスクールへの加盟申請の支援や，地域のユネスコスクールの活動や連携を支援している。

(2) 協働学習に活かすネットワーク

　「公益社団法人ユネスコ・アジア文化センター（ACCU）」

http://www.accu.or.jp/jp/index.html

ユネスコと連携し，アジア太平洋地域ユネスコ加盟国と協力して，教育協力，人物交流，文化協力等，現地のニーズを反映した具体的な地域協力事業を推進している。

「ESD活動支援センター」

https://esdcenter.jp/

全国の地域ESD活動推進拠点と連携したESD推進ネットワークにより，ESDに関わる多様な主体とともに，全国のESD推進を支援している。

第2節　ESDを柱としたカリキュラム・マネジメント

教科等横断的に学校教育目標の具現化を目指すカリキュラム・マネジメントを進める上で，総合的な学習の時間の位置づけは非常に重要である。さらに，学校教育目標の具現化に向けては，学習活動のみならず，子どもを取り巻く様々な環境も大きく影響することになる。

ESDにおいては，その対象は，授業や児童の活動だけでなく，施設管理保守や備品消耗品等の購入，資源活用，さらに働き方等，学校運営全般に多岐に渡っており，このように学校運営全体で取り組むことを「ホールスクールアプローチ」と呼ぶ。本節では，MM小学校における，総合的な学習の時間を核としたESDへのホールスクールアプローチの実践について紹介する。

1．ホールスクールアプローチ（1）テーマ設定

総合的な学習の時間の授業づくりのポイントの一つは，テーマ（探究課題）の設定である。

総合的な学習の時間は，探究的な学習に主体的・協働的に取り組みことを通して，各学校の学校教育目標の具現化を目指すものである。MM小学校では，前述の通り，開校宣言として「持続可能な社会の担い手」を，学校教育目標としてそのための子どもの姿（資質・能力）を設定しており，総合的な学習の時間はその具現化に向けた全教育活動の中心に位置づけられている。総合的な学習の時間を核に，各教科や特別活動，行事等，文字通りホールスクールで取り組んでいる。

　学級ごとのテーマ（探究課題）の設定には，年度当初どの学級でも時間をかけており，子どもが主体的に話し合い，自ら決定している。その決定プロセスは次の通りである。

○校長による全体への価値づけ

　年度当初の全校朝会において，校長が学校全体で取り組むESD/SDGsについて話しをする。前年度の取組への評価と価値づけ，本年度の取組への期待等について伝える。

○総合的な学習の時間の目的の共有

　校長の講話を受け，学級での話し合いがスタートする。児童の学年・発達段階に合わせ，全校で取り組むESD/SDGsの意味，位置づけを共有する。低学年においては，生活科を中心に扱うことになるが，全校での活動として同様に位置づけられている。

○学級のテーマについての話し合い

　自分たちの学級はどのようなテーマや活動を通してESD/SDGsに関わるのか話し合う。ESD/SDGsに取り組むことの意義，ミッション感をもって話し合いがされることがポイントである。話し合いの中では，前年度までの自分たちや他学年の活動を振り返り，単に個人的な興味関心からでなく，これまで受けた評価や価値づけ，活動を通して出会った他者との関わりや変容への達成感などが出される。また，具体の課題を実感することも大切である。ネットやメディア等の情報から得た知識や概念からではなく，スタートは自分の身の回りやまちなど実際に体感することから課題を見つけることが重要である。

　このプロセスに十分な時間を使うことで，子どもたちは自分事として主体的に取り組むことができるとともに，年間の活動の途中での振り返りも可能になる。

2．ホールスクールアプローチ（2）多様な社会リソースとの協働

　ESD/SDGsで取り組む課題は，現在社会の抱える課題そのものであり，既存の知識や技術では対応できていない課題であったり，解決に向けた道筋や方法論が確立していない課題も多い。そのような中，教員の知識だけで授業が組み立てられたり，子どもたちがネット上から得た情報をまとめるだけでは学習にはならない。

　学校全体で向かう目標を前提に，地域性や子どもの思いにより学級の探究課

題の方向性が決まったら，具体の単元構想づくりに入ることになるが，いかに
そのテーマにあった社会リソースと協働しての活動をつくることができるかが
重要である。近年，SDGsに取り組む企業やNPO，団体，行政等も多い。しか
しながら，多くの企業等は企業価値を守る，高めるために取り組んでいるものの，
必ずしも課題解決に向けた解を持っているわけではない。大切なことは，子ど
もが課題を大人（社会）と共有し，ともにその解決に向けて協働的に取り組む
主体になることである。大人も正解をもっておらず，だからこそ自分たちがそ
の課題解決に向けて活動する意味があることを実感することが大切である。

　学級のテーマにあった協働先を探し，子どもの課題意識を共有し，何を一緒
にできるか相談することが教員の重要な役割である。特に，ESD/SDGsをテー
マにした活動では，教員にとっても初めてのテーマであったり，領域であった
りすることが多い。その単元を子どもと一緒に作り上げていくことで，教員自
身にとっても新しい学びとなる。

表7-1 2019年度学級総合テーマ一覧

学年・学級	タイトル	内容	関連SDGs	連携先リソース
1年1組	レインボーなかよし大さくせん！	近隣保育園との交流	15・17	近隣保育園
1年2組	みんなにこにこだいさくせん！	近隣保育園との交流	15・17	近隣保育園
1年3組	せかいのみんなとなかよくなりたい	海外交流校や海外転出児童との交流を通した国際理解	11・12・14・15・17	オーストラリアの小学校・近隣公園愛護会
2年1組	みなとみらいのみどりをふやそう ～リボベジで考えるSDGs～	リボベジ（リボーンベジタブル/再生野菜）を活用した緑化活動	12・13・17	マレーシアの小学校
2年2組	もっともっといいねがいっぱい高高中央公園	近隣の公園愛護会と連携したまちよい公園づくり活動	11・15	近隣公園愛護会
3年1組	えがおでスポーツ3-1	パラスポーツの体験を通して、共生社会の実現を考える	3・10・11・16	パラアスリート・区社会福祉協議会・市障碍者スポーツセンター 他
3年2組	3-2高高水際緑公園を守ろうプロジェクト	近隣公園の人工干潟の環境保全活動。刈り取った革の再利用にも取り組む	11・12・14・15	市民団体ハマの海を想う会・製鐵所/うだれ職人
4年1組	かがやくイイワンプロジェクト ～たがいに気づかい助け合うみなとみらい	パラスポーツの体験や障碍のある人と一緒に作る表現活動を通して共生社会の実現を考える	3・10・11・16	パラアスリート・NPOスローレーベル・日本ブラインドサッカー協会 他
4年2組	脱プラスチック プロジェクト！	近隣の臨海部の様子から、脱プラスチックとしての木製ストローに着目。社会に広げる活動に	11・12・14・15・17	環境ジャーナリスト・資生堂・アキュラホーム・市SDGsデザインセンター 他
5年1組	生き物が住みやすい環境を守っていこう ～みんなで持続可能な公園に～	近隣公園の人工干潟で、「生き物・水質保全」「ドロ改善」「海洋ごみ・プラ削減」に取り組む	11・12・14・17	市民団体海辺づくり研究会・市環境科学研究所・一般社団法人YMM21 他

表7-1 2019年度学級総合テーマ一覧（つづき）

学年・学級	タイトル	内容	関連SDGs	連携先・リソース
5年2組	人も生き物もつながりがてるMMオアシスをつくろう	都心部である本校学区の地域性から、「生き物と触れ合い、人とつながれる空間づくり」に取り組む	4・11・14・15・17	市都市整備局・土木事務所・市民団体・とんぼファーム　他
6年1組	ものづくりからSDGsを考える〜Think Globally, Act Locally〜	「地球温暖化「ヒートアイランド現象」の解決に向けて、具体的なものづくりに挑戦	4・7・12・13・17	三菱重工業・みなとみらい21熱供給・市資源循環公社　他
6年2組	みなとみらいの海を皆で守ろう〜生き物の多様性と共生するために〜	近隣公園での干潟プロジェクトと連携して、持続可能な海辺環境をつくる活動に取り組む	11・14・17	市民団体ハマの海を想う会・国土交通省横浜港湾空港技術事務所・臨港パーク　他
個別支援学級	まちとなかよし〜めざせ☆郵便局マスター！〜	郵便局との活動を通して、まちや人とのかかわりを深め、自己有用感とまちへの愛着を高めた	11・17	郵便局

3. ホールスクールアプローチ（3）ロジックモデルの活用

　ESDやSDGsは，目的はわかるが，具体の教育活動としてはわかりづらいという意見がよく聞かれる。それは対象が多岐に分かっていることやアプローチ（扱い方）も多様であること，活動内容や対象が学校内に留まったものでないことなどが理由として考えられる。

　MM小学校では，教員だけでなく，児童，保護者，地域や企業等外部協力者との間でESDの全体像を共有することを目的に，ESDロジックモデル（※）を策定している。ロジックモデルとは，施策や事業等の全体像を論理的な因果関係により整理したものであるが，MM小学校では学校教育目標を最上位目的（スーパーゴール）に，その目的の達成に向けた戦略目的（アウトカム），指標，手段をロジックモデルにまとめ，関係する「子ども」「地域関係者」「保護者」「教員」が「何をするか」「どんな行動ができるか」という視点で整理している。またこのロジックモデルの項目と連動したアンケート調査を実施し，関係者のESDへの理解や実績への評価にも活用を試みている。

　このように，ESDロジックモデルを活用した協働型プログラム評価（※）に取り組むことで，多岐にわたる領域を対象としたESDを，多様なステークホルダーと共有し進めることに挑戦している。

※ロジックモデルと協働型プログラム評価については，もともとは政策の立案・評価の文脈で扱われてきたものであるが，MM小学校では教育分野における活用について，研究協力者である東洋大学教授米原あき氏の指導のもと取り組んでいる。

　また，下記の文献においてMM小学校の事例と合わせて詳説されているので，参考文献として紹介する。

　『グローバル時代のホールスクールマネジメント』（宮城教育大学 本図愛実編）ジダイ社

図7-1　ロジックモデル

【最上位目的】

スーパーゴール：学校教育目標【「みな」と「みらい」を創る子】
「多様性を認められる」「多面的・多角的に物事を捉える」「問いを見い出して学び続ける」「まちに愛着をもつ」「豊かな心をもつ」の５つの資質を育成する。

【上位目的】

最終アウトカム：社会（まち・ひと）とつながり、多様な文化や価値観を取り入れながら広い視野で物事を捉え、現代社会における課題の解決に向けて行動できる、持続可能な社会形成を担うグローバルな人材が育成されている。

【戦略目的】

中間アウトカム：「みなとみらい」の豊かな資源を生かした教育活動から、社会（まち・ひと）の課題解決に向けて、さまざまな視点や立場に立ち、多様な他者の考えを共有しながら、地域・保護者・企業にはたらきかけ、社会に変化を起こせる子（※１）が育っている。　※１／社会に変化＝変容

- **直接アウトカム01**　子どもたちが、社会（まち・ひと）から課題を見い出し、解決に向かって試行錯誤しながら活動を進め、自分たちの成長を感じている。
  - 直接0101　発達段階に合った課題を自分から見い出している。
    - 指針010101　身近なまちや生活を見つめ直し、まちの課題解決に向けて、願いや思いをもつ。
    - 指針010102　話合いを通して、学年・学級集団で追究する価値がある課題を選択する。
  - 直接0102　具体的な解決方法を試しながら、粘り強く追究している。
    - 指針010201　計画を立て、課題解決に向けて見通しをもつ。
    - 指針010202　体験したり調べたりするなど、材（ひと・もの・こと）に繰り返し関わる。
    - 指針010203　専門家に出会い、アドバイスをもらいながら活動を進める。
  - 直接0103　自分たちの考えや課題を更新しながら、発展的な課題解決学習を進めている。
    - 指針010301　活動を進めるなかで計画を見直したり、問い続けたりして学習を調整する。
    - 指針010302　自分の見方・考え方の広がりや学び方のよさに気付く。
    - 指針010303　専門家に出会い、アドバイスをもらいながら活動を進める。
- **直接アウトカム02**　子どもたちが、多様な他者とコミュニケーションを図り、活動の価値に気付いている。
  - 直接0201　相手意識をもって話したり共感的に聞いたりして、互いのよさに気付いている。
    - 指針020101　根拠や理由を示しながら、説得力ある話し方で自分の考えを発表する。
    - 指針020102　相手の考えに寄り添って聞く。
    - 指針020103　ホワイトボード等を活用して、より多数の考えを取り入れた話合いをする。
  - 直接0202　年齢や考えが自分と異なる他者と協働している。
    - 指針020201　学年に応じた目標を立て、たてわり活動に参加する。
    - 指針020202　全校遠足や運動会などの行事や集会で、同じ目標をもって、たてわり活動に取り組む。
    - 指針020203　宿泊体験学習の宿泊地や活動で出会った方々の考えに触れ、土地の風土や文化を尊重しながら活動する。
  - 直接0203　地域・保護者と協働している。
    - 指針020301　調査活動に、インタビューやアンケート調査を取り入れる。

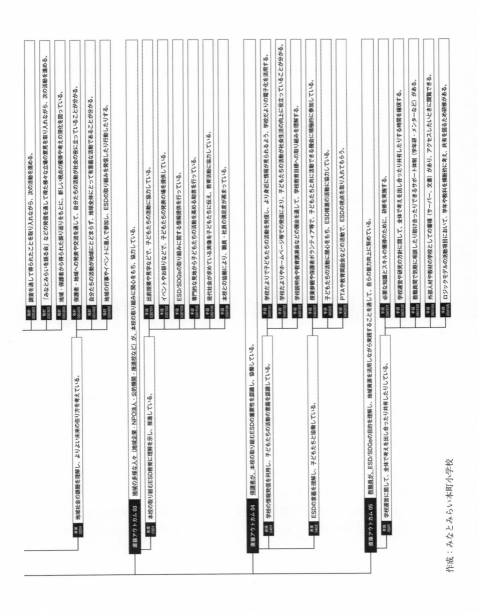

作成：みなとみらい本町小学校

第3節　実践モデル

　前節で紹介したように，MM小学校ではESDにホールスクールアプローチで取り組んでいるが，その核となっているのが各学級ごとにテーマを設けて取り組んでいる「総合的な学習の時間」である。（横浜市では，総合的な学習の時間とそれに関連した教科等を組み合わせ『横浜の時間』と呼んでいる）

　本節では，その具体的な実践例をもとに，単元づくりと活動のポイントについて紹介する。

1. 児童による主体的なテーマ設定

　言うまでもなく，総合的な学習の時間において，テーマの設定，探求課題を何にするかは非常に大きなポイントである。各学校により，学校全体であったり，学年ブロックであったり，学年であったりと，そのテーマをカリキュラムとして設定している場合も多い。いずれにしても，子どもが自分事として主体的に取り組むために，子どもの興味関心や子どもにとっての必要性をうまく取り上げ，活動へとつなげていくことになる。しかしながら，そのために「活動ありき」となってしまう例も多い。子どもは活動に楽しく取り組んではいたが，その活動を通してどのような力がついたのかよくわからない，といったことである。

　MM小学校では，前述の通り，総合的な学習の時間のテーマは，毎年学級ごとに子どもたちの話し合いによって決められている。しかし，すべて子どもたちが自分たちのやりたいことに沿って決めているわけではない。そこにはまず教員による「子どもの実態」と「付けさせたい力」についての分析と思いがある。一年一年の積み重ねにより成長している子どもの実態，そのよさと課題を分析し，その上でその年に付けさせたい力（資質・能力）を焦点化させている。そして，そこに全校で共有している学校全体でのミッションである「持続可能な社会の実現」の視点を被せていく。子どもたちは，単に自分たちのやりたいことを考えるのではなく，学校の一員としての貢献を意識している。これはOECDの提唱する力「エージェンシー」（※）にも強く関連しているといえる。

※エージェンシー：よりよい未来を創造するために責任感をもって社会参画を
　　していく姿勢・意欲。

図7-2　単元の考え方

自然とともに生きる　〜きれいな海を山から育てよう〜（4年）

単元について

〈児童の実態・取り上げる資質能力〉

「互いのよさを認め合う」

「協働的な学び」

　本学級の児童は，強い思いやこだわりをもって生活している子は半数ほどである。それ以外の子は友達の意見を聞いて，自分の意見を決めたり，多数の意見に同意したりする子である。自分の意見をもっている子は思いやこれまでの生活経験から意見を述べることができる。

　しかし，自分の意見に固執して相手の意見を受け入れられないことも多い。多様な意見を認め合いながら，自分たちの活動の柱になる要素を見つけられるようにしていきたい。また，水はどこから来ているかを調べた時には，塾で習ったことで納得している様子も見られた。何が問題になっているかを整理し，解決の見通しをもって調べることにも課題がある。

　これは，目の前の活動や出来事にとらわれ，問題の本質やより大きな問題から離れていってしまうことが要因の一つと考えた。

　そこで，総合で探求していくことがどのような問題に結びついているかを調査・分析しながら整理していきたい。そのために，物事を多面的・多角的に見つめ直し，これまで自分たちが教わったり，学んだりしてきた概念を作り替えていくような活動にしていきたい。

〈材について〉

　今年度の総合について思いを出し合っている時間には，自然環境を守ることへの関心の高い子と，ものづくりへの関心が高い子が多くいた。特に，何か新しいことをまちの人たちやもっと広い人たちに発信したいという思いをもっていた。

　3年生の社会科の学習では，みなとみらいのまちについて学習している。自然を感じられるところが少ないと感じている子がいる一方で，多くの子は緑との調和のとれたこのまちが好きで，今ある自然を残していくことが大切と考えている子もいる。人も植物や虫も一緒に生きられる環境について興味のある子もいる。

　4年生の社会科「水はどこから」の単元では，自分たちの使っている水が道志村からきていることを学習している。水源涵養林を保全する活動とも関連して，自然を守ることや森を守ることについての見方を広げる機会にしたい。

　そこで，間伐材を活用したものづくりに目を向けさせていきたい。ものづくりを通して，間伐を継続させていくために必要な人手やそのためにかかる費用なども関連して，広い視点で捉えられるようにしたい。

　このように，ものづくりを通して林業の実態を見ていくことで，子どもたちが自分事として活動をとらえることができると考える。活動を通して，子どもたちが問題解決の見通しをもって調べたり，解決に必要な情報を吟味して収集したりする力をつけていきたいと思う。

持続可能な社会を担う子どもの育成
〜互いのよさを認め合う「協働的な学び」から，よりよい未来を創ろうとする子〜

SDGsとの関連（12つかう責任つくる責任：14海の豊かさ：16陸の豊かさ）

　「みなとみらい」の街は人の生活と緑の調和がとれるようなまちづくりをしている。臨港パークは海に面しているため，海の環境がよくないことを問題視している子もいる。海の環境を守るためにはそのもとになる川や山を守る必要があること，プラスチック製品の見直しが大きく社会の問題になっていることから，上記の2つの目標と関連させていく。

外務省HPより

2．単元構想と教員の役割

　ここで例示しているクラスは4年生であるが，前学年（3年生）での学習や他学年の活動を振り返り，今年度の総合的な学習の時間に向けた思いを子どもたちが出し合う時間を大切にしている。MM小学校では，毎年12月に各学級での生活科・総合的な学習の時間の活動を発表しあう「みなとみらいを語る会」を開催し，保護者や地域関係者へプレゼンテーションするとともに，子どもたちが学年をまたいでお互いの活動を見合い，意見交換をする場を設けている。また，年度末には全クラスの活動をまとめた冊子を作成し，全児童・全家庭に配布している。このように学校全体でのESD/SDGsへの取組と，各学年・各クラスでの取組を知ることで，自分のクラスでの活動への思いをもつことができている。教員はファシリテーターとしてその思いを可視化することに注力する。1年間の活動が自分事となり，主体的に取り組むことができるために，また年間の活動の途中で度々振り返ることのできるように，教員はこの時間をとても大切にしている。

　そして教員のもう一つの重要な役割がコーディネートである。総合的な学習の時間ではテーマにもよるが，特にESD/SDGsをテーマとする際には，教員の知識や技能，専門性の中だけで活動を進めることは不可能である。子どもたちを自らの課題の解決のために，誰と，どこで，何に出会わせるか。テーマと子どもの実態に合わせて，どのように設定するのか。教員自身のもつネットワークだけでなく，それを支えるシステムが学校や行政にあることが望ましい。MM小学校においては，各クラスでの活動やそのネットワークを校内でデータベース化し共有している。また，市教育委員会や市役所SDGs所管課でも，ESD/SDGs推進のための地域リソースとのマッチング機能の整備を進めている。教員は，文字通り社会全体を使った学びのコーディネーターである必要がある。

　さらに，子どもの学びをより主体的なものとする上で大切なことが，保護者との連携である。子どもの学びは学校で完結するものではなく，子ども自身の成長に繋がることが目的である。そのためには，学校での学びが家庭での生活の中で価値づけされ，活かされることが重要である。学校での活動やそこから得た知識や意見について，家庭において認められ，価値づけされることにより，深い理解と価値観の形成へとつながる。そのために教員は，その活動の内

容のみならず，その目的や意義について保護者と共有し，家庭との協働的な関係，枠組を作ることもまた重要である。

表7-2　指導計画　〔総時間：85時間（総合70　国語7　社会5　道徳3）〕　期間6月〜3月

活動内容	時間数	指導のポイント・関連教科
1.　みなとみらいの海を調べよう ○みなとみらいの海はどのような様子か調べよう。 ○川や海の水は汚いのかな。 ○ごみにはどのような種類のものがあるかな。 ○身近なところではどのようなものがゴミになっているのかな。	総合6 社会4	・実際に調べに行くことで，自分たちが想像している海の様子を詳しく知る。（総合） ・マイクロプラスチックになるものがどこから来ているかを考えられるようにする。（社会）
2.　プラスチック製品の代わりになるものを調べよう ○どのようなものが開発されているのかな。 ○海のごみをなくして，陸の自然も守るようなものはあるかな。 ○自分たちもできるものづくりはあるかな。	総合8	・調べたことをもとに，どのようなものを作る必要があるのか，目的を確かめ合えるようにする。（総合） ・身近なことから変えていけるように，身の回りに目を向けられるようにする。（総合）
3.　調べたことを整理して，どのようなものづくりをするかを考えよう ○山の自然を守ることとプラスチックごみをなくす方法はあるかな。 ○使い捨てのプラスチック製品の代わりになるものを作ろう。	道徳3 社会1 総合2	・自然を守る仕事やその大切さを具体で考えられるように資料を用意する。（道徳） ・調査したことを整理して，使い捨てのものに依存していることに着目できるようにする。（社会）（総合）
4.　使いやすい間伐材ストローを研究しよう ○ストローはどのような所が工夫されているのかな。 ○飲みやすくて使いやすいストローを開発しよう。	総合40	・使う人や目的に応じたものづくりができるように，適宜調査を繰り返す。（総合）
5.　間伐材ストローを広めよう ○給食の時に使うストローは替えられるかな。 ○みなとみらいのお店ではどのくらいゴミになっているのかな。 ○海を守って，陸も守るストローのいいところを整理して，知ってもらおう。	総合14 国語7	・自分たちが試してわかったことを伝えるために，一番いい方法を話し合えるように，繰り返し人と関わっておく。（総合） ・伝え方を話し合い，プレゼンテーションする。（国語）

3. 何が変容したのか

　ESDに取り組む上で重要なポイントは「変容」である。自分の興味・関心をもったテーマに主体的に取り組み，協同的な活動を通して課題の解決を目指し，その成果を整理・分析したことをまとめ，発表する，といった一連の流れに加えて，その結果，何が変容したか，に焦点を当てることが重要である。持続可能な社会の実現に向けて，現在の課題を着実に変えていくことを通して，その社会の担い手となることが最終ゴールであり，そのために何が変わったか，変容したかがとても重要な視点となる。それはテーマ設定や単元構想の初期の段階から目標として設定できることが望ましいが，当初は想定していなかったが結果的に達成されることもある。その場合は，これから（次年度）の活動へ向けた種となる。第1節　1.（3）「ESDにより期待する成果」では，関係者である子ども，大人，教員について期待される変容の視点を挙げたが，一つ一つの活動や単元を通して，さらに年間の活動全体を通して，変容の見取りを計画的に行うこと，そしてそれに対する評価，価値づけこそが最も重要である。

　例示したクラスの活動では変容につながる以下のような場面が見られた。
○都市の臨海地区に住む子どもたちは，日頃から海沿いにごみが多いことは知っていたが特に自分事にはなっていなかった。学校全体で取り組んでいるESD/SDGsについて，これからこのまちで育つ自分たちより小さな子どもたちのために自分たちができることを考えようとしていた。（目的・相手意識）
○専門家（環境ジャーナリスト）と出会い，プラスチックごみの問題を知り，その解決策として代替品に関心をもつ。代替品のひとつである木製ストローを知り，その製作に取り組む行政，企業と出会い，製作を体験する。（行政・企業関係者からの評価，価値づけ）
○木製ストローのよさを広めることで，多くの人に環境問題に関心をもってもらいたいと考え，地域の大型商業施設のイベントや行政イベント等において積極的にブース展示を行い発信する。（まちの大人からの評価，価値づけ）
○さらに，近隣の飲食店にプレゼンテーションし，木製ストローの店頭設置を実現。
○保護者や子どもの活動に接した大人からは，自分たちの生活や仕事でも真剣に取り組む必要性を感じたとの感想が寄せられた。（社会変容への実感）

○1年間の活動を通して，子どもたちは社会課題の解決に向けた自分達の有用性を実感し，次年度の更なる活動への期待感を高めていた。

　本章では，ESDを学校運営の柱に位置づける小学校の事例をもとに，ESD/SDGsをテーマとした総合学習の進め方についてみてきたが，ESD/SDGsと総合学習の親和性の高さを理解してもらえたと思う。それは単に子どもの学びとしてだけではなく，その学びを通した，子どもと保護者や地域関係者，さらに社会の多様なリソースとの協働による持続可能な社会づくりであり，「社会に開かれた教育課程」の具現そのものといえる。2030年に向けて，そしてその先の社会に向けて，各学校現場，各地域での実践につながれば幸いである。

コラム

何のために勉強するの？

　主体的な学びが重要であることがいろいろな場面で指摘されているが，当然のことながら子どもに「主体的に学びなさい。」と指示するだけではそうはならない。そのためには，内的な動機付けと達成に向けた成功体験が重要な要素となる。

　ESDは，持続可能な社会の実現に向けて，いろいろな社会課題の解決に主体的に取り組むことであるが，子どもにとっての最大のメリットは，その活動を通して社会の多様な大人と関わることで，自分の学びや活動に対する価値づけがされ，認められ，場合によっては感謝される場面が繰り返し作られることにある。子どもたちはその積み重ねにより，自分達のできることや可能性への手応えを広げていく。そして，いろいろな場面（教科学習や係活動，自由研究など）においても積極的，主体的に取り組む姿がみられるようになる。

　持続可能な社会の実現に必要な知識やスキル，価値観を得るとともに，そもそも学ぶこと，学び続けることの意義を理解することに大きな価値がある。

課　題

1. あなたの学校（地域）の社会課題を，ESD/SDGsの視点で整理しなさい。
2. 上記のいずれかの課題解決をテーマに，社会の多様なリソースとの協働による活動（単元）を構想しなさい。

参考文献

佐藤真久著『未来の授業：私たちのSDGs探究BOOK』宣伝会議，2019年

永田佳之『新たな時代のESD：サスティナブルな学校を創ろう：世界のホールスクールから学ぶ』明石書店，2017年

本図愛美編『グローバル時代のホールスクールマネジメント』ジダイ社，2020年

米原あき著『「学び」の一環としての「評価」：協働型で行うプログラム評価の可能性』岡山大学編『文部科学省「日本／ユネスコパートナーシップ事業」ESDの教育効果（評価）に関する調査研究報告書』2016年

Ⅳ　総合学習の将来的課題と展望

第 **8** 章

人間像のパラダイム転換に向けた
総合学習の挑戦

　本章では，気候変動や国際対立の激化，格差社会の深刻化など，近代社会の原理が行きづらを見せる中で，新しい時代状況に対応した人間像を創出していく教科横断的，全人的な学びとしての総合学習の今日的意義を振り返り，人間像のパラダイム転換について分析した。価値観が多様化する中で共生していく力，不確実性の時代を生き抜くレジリエンス，地球市民性を形成する新たなアイデンティティのあり方などが新しい人間像を探究する観点として論考された。またSDGsの推進拠点としてのユネスコスクールの意義と総合学習との接点についても触れ，新しい価値を創出していく学びのプロセスである総合学習の将来的な方向性を展望した。

キーワード　人間像　パラダイム転換　レジリエンス　地球市民性　全人的アプローチ

　これまでさまざまな角度から，グローバル化と価値多元化によって特徴づけられる現代社会における新たな総合学習のあり方，またそこで求められる指導法について考察してきた。おりしも世界では新型コロナウイルスの世界的蔓延によって多くの犠牲者を出すとともに，職業生活，社会生活，家庭生活を含め，私たちの生活のあり方に根本的な変容を迫る事態となっている。他方，新型コロナウイルス感染対策で明らかになったように，現在私たちの社会が直面している問題は，地球規模の，つまり全人類の連帯と協働がないと解決不可能である。
　しかし人類の連帯や協働がとりわけ求められているこの時代にあって，世界はますます一国主義的動きが強まり，国家間，人種間，民族間，宗教間の対立と分断に翻弄されているのが現実である。このように国際連帯への強い希求と国際間の対立・分断の激化という矛盾したベクトルを顕在化させている現代の社会においてこそ，こうした矛盾から目を背けず，むしろ矛盾する世界情勢の

中から新たな創造的な社会のモデルを探究してゆけるような人材が求められている。

　そして総合学習こそ，こうしたもろもろの矛盾を乗り越える総合的な人間力を育むことを期待されている学際的な学習活動であり，それはまさに人間像のパラダイム転換に向けた教育のチャレンジであるといえるのである。

第1節　近代社会の行きづまりと新たな時代状況に求められる人間像

　本書では新しい学習指導要領も踏まえながら，新しい時代の要請に即応した総合学習のあり方をさまざまな角度から追求してきた。それらはいずれも新たな総合学習の指導方法を考える上で重要な視点を提供している，そうした論点を踏まえて，これから総合学習の指導に携わる私たちが認識しておかなければならないのは，近代社会を推し進める原動力となってきた諸原理が現在破綻あるいは行き詰まりを見せており，根本的なパラダイム転換の時期にさしかかっているという事実である。国連の持続可能な開発目標（SDGs）もある意味ではこうした近代社会の行き詰まりに対して，それを打開する新しい人間と社会のあり方を提示しようとする試みであると受け取ることもできる。近代社会の行き詰まりとそこから導出されたパラダイム転換はさまざまな局面で見ることができるが，総合学習との関連でとくに注目したいのが，近代社会の至上命題であった「成長」や「開発」に関する根本的な見直しと，異質なものとの共生という新たな能力（コンピテンス）である。

　成長概念の見直しについていえば，これまで伝統的には対立概念と捉えられてきた経済開発と環境保全とが，1992年の国連環境サミット（リオ・サミット）以降，対立概念ではなく補完的で統合可能なものとして捉えられるようになり，「持続可能な開発」というこれまでとは質的に異なる開発の捉え方が国際社会に共有されることになった変化が大きい。開発と環境を対立的に捉えない新たなモデルは，国連によるESD（持続可能な開発のための教育）を経て，SDGsにおいていわば「人類是」として国際社会に共有されるようになったものである。ここでは，経済成長を目指してどんどん先に進むのではなく，むしろ人間と自然との共生や，現世代と未来世代との共生を可能にするような営みこそ普

遍的な価値があるのだという価値観の転換が起こったことが重要である。

　これと実は深く関わっているのであるが，国外的には国際関係，国内的には地域社会における多文化共生に向けて，一人ひとりの市民に新たな価値観，態度が求められるようになったという点も重要である。これまで人類は自国や自民族を「われわれ」（内集団），他国や多民族を「かれら」（外集団）として，どちらかというとゼロサム・ゲーム的，対立的に捉える思考法に慣れてきた。戦争はそうした国際対立への最も過激な対処法であるが，核の脅威もあって世界規模の大戦争は起こらなくなった現代においても，国際社会は内向きで一国主義的な傾向と軌を一にした国際間の対立や分断が際立っている。国際的にも国内的にも人種，民族，言語，宗教，文化習慣の異なる人々が対立や葛藤を起こさずに平和裏に共生できるためには，自集団と他集団を対立的に捉えるこれまでの価値観を脱皮し，人類社会全体を「われわれ」「仲間」（内集団）として捉えなおす，地球市民的なアイデンティティおよびそこから導出される多文化共生へのコンピテンスの育成が総合学習の教育目標として必要不可欠になる。

　現在学校現場で不登校児童生徒数が増加の一途を辿り，不登校対策になかなか決め手が見つからない現状も，学校現場で深刻化しているいじめの問題も，広くとらえればやはり学校全体に（教職員にも児童生徒にも），社会の「常識」を代弁するマジョリティとは異質なものへの受容能力，共生能力が十分に育っていないことを告発している証人であるように思われる。

　ユネスコ21世紀教育国際委員会が1996年に出版した有名な報告書「学習：秘められた宝」（日本語版は1997年）においては，21世紀の学習の4本柱として「知ることの学び」「行うことの学び」「生きることの学び」と並んで「共生することの学び」が挙げられているのは極めて示唆的である。これは多文化共生への学びであると同時に，政治的イデオロギー，宗教信仰，性的マイノリティ，発達障害，社会階層等も含めた「自分とは異質な人を排除せずに，どれだけ仲間として受け入れられるか」という新たな学習課題に対応した人間像が求められていることを意味しているからである。新しい学習指導要領では，対話の重要性を強調し，日本の学校教育において，グローバル社会の「持続可能な社会の担い手」の育成を求めるようになった。

　その新たな価値の方向性をもっともよく反映すると考えられる総合学習に求められているのは，このように成長や開発に新しい発想で見ることができ，そして自分とは異質のものを前にして，排除ではなく，多様性と寛容のマインド

セットで対応するコンピテンスを備え持った人物像であることは間違いない。多様性の受容と共生こそ，現代の総合学習において育成が求められる新しい人間像の根幹をなしていると考えられるのである。

第2節　近代的な学校教育モデルの限界と教科横断的・全人的アプローチ

　気候変動をはじめとする環境問題についても，少子高齢化や格差社会などの国内問題についても，また人種問題や国際対立などの異文化間問題についても，さまざまな価値のベクトルが複雑に錯綜し，解が見えにくくなっている現代社会において，前節で述べたような異質なものとの共生ができるような新たな人間像に即応した人材育成をしていくためには，従来の学校教育の基幹をなしてきた教科の枠組みを超えた教科横断的で全人的な問題解決のアプローチがますます求められるようになってきている。そして教科学習をふまえつつも教科の枠を超えて学際的に現代社会の諸問題を分析し，多角的な学びを通じて児童生徒の問題解決のスキルを高めていこうとするのが，そもそも文部科学省が総合学習を導入した趣旨だったはずである。

　文部科学省が総合学習を全面的に導入した2002年は，国際社会では南アフリカのヨハネスブルクで国連の「持続可能な開発に関する世界首脳会議」（ヨハネスブルク・サミット）が開催された年である。ここで「持続可能な開発のための教育」（ESD: Education for Sustainable Development）という教育課題が採択され，国連専門機関のユネスコがその主導機関に指名された。その後，2005年から2014年の10年間が「国連持続可能な開発のための教育の10年」（UNDESD）と定められた。ユネスコはもともと1953年から国際理解教育や人権教育などの価値教育の実験校としてユネスコスクール（ASPnet: UNESCO

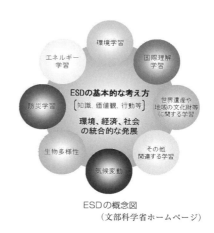

ESDの概念図
（文部科学省ホームページ）

Associated Schools Project Network) という世界的な学校間ネットワークを設立してさまざまな価値教育のイニシアティブを展開してきたが，とくに日本ではこの「ESDの国連10年」（2005年〜2014年）の期間に，ユネスコスクールは「ESDの推進拠点」として位置づけられ，文部科学省の強力なバックアップの下に大きな発展をとげた。2005年時点で日本国内のユネスコスクールはわずか15校だったのが，この10年の間に1000校を超えるまでに増加したのである。もちろん数だけでなく，ユネスコスクールをESDの推進拠点と位置づけた文部科学省が，とくにESDという問題解決に向けた学際的な学びを進める中心的な場として総合的な学習の時間を推奨したことに大きな意味がある。総合学習とESDの開始年度がどちらも2002年という歴史的事実も両者の親和性と同時に，教科横断的で全人的な学びのあり方へのニーズの高まりという時代精神を暗示しているようで興味深い。

いずれにしてもユネスコスクールという世界的な学校間ネットワークがESDの推進拠点とされ，さらにESDの学びを進める中心領域として総合的な学習の時間（総合学習）が推奨されたことで，グローバル化と価値多元化に対応する新たな時代の人間像に即応することを目指して導入された総合学習は，持続可能な社会の担い手育成（ESD）という国際社会のイニシアティブと理念的にも制度的にもつながりあうことになったわけである。総合学習の今後の展開を考えていく上でも，それが単なる国内的な学校教育改革の取り組みであるだけでなく，国連やユネスコのイニシアティブに代表されるような国際社会全体の時代精神と協応し，学際的で全人的な学びへのグローバル社会の教育ニーズという大きな地球規模のうねりの文脈の中に位置づけてモデル構築してゆくことが極めて重要である。

それは教育行政的なレベルで日本の学校教育が世界の新たな教育動向とつながりあい，連動しているという関係性を保障するという意味があるが，それだけではない。日本の学校で学ぶ児童生徒一人ひとりが，とくに学際的学びの場としての総合学習を通じて，日本人であると同時に「人類社会の一員」として，つまり地球市民としての自分の存在意義を自覚化し，態度や行動につなげてゆくというグローバル人材育成的な意味でのアイデンティティ変容という観点からも大きな意義を有していることを，ここで改めて強調しておきたい。

第3節　総合学習におけるアイデンティティ論
―国民アイデンティティから地球市民アイデンティティへ

　このことは，総合学習の学びに参加する学習者のアイデンティティのあり方にも大きな影響を与えずにはいない。精神分析学者エリク・エリクソンの心理社会的発達理論で言われているように，そもそも自分とは誰でどういう人生を生きていくのかという問いへの答えとなるアイデンティティ（自我同一性）は，青年期における中心的な発達課題であると同時に，一個の独立した人間の人格形成の基礎となるものである。アイデンティティには自分に対する定義が含まれるが，私たちは自分という一個の個人をめぐる個人的アイデンティティだけでなく，自分が所属するさまざまな社会集団（家族，町や地域，学校，会社，国家，民族，職業集団，宗教など）への帰属関係によって生じる社会的アイデンティティも同時に形成するとされる（タジフェル）。当然これは単一ではなく，人はさまざまなレベル，種類の社会集団に同時に所属するので，自らの中に複数の社会的アイデンティティを構築することになる。問題は，現在のようにグローバル化の進展によってあらゆる領域の出来事が地球単位，人類社会単位で動くようになった時代に，学習者の中にこの人類社会が自らの社会的アイデンティティ（つまり「地球人」）として自覚的に形成されているかという問題である。

　近代の歴史は，基本的に国民国家が主権をもった政治的統合体として発展してきた経緯から，どの国の学校教育でも国民アイデンティティの形成と発達には大きな力を注いできた（たとえば日本であれば「日本人としての自覚と誇りを養う」といった意味で）。しかしそれを超えたレベルで人類社会全体を自らの所属集団と認識し，国家や民族の枠を超えた地球人としてのアイデンティティを涵養し行動変容を促すような市民性教育はこれまでどの国においても体系的には行われてこなかった。このことが，現実態としては政治，経済，科学技術，文化のいずれの領域においてもグローバル化が非可逆的に進展し，今般の新型コロナウイルス感染問題への対応に見られるように緊密な国際連帯が求められているにもかかわらず，それがうまく機能せず，むしろ国家間の対立や軋轢が尖鋭化するという事態を招いている一つの大きな背後要因である。

　人々の中に「地球市民意識」が心理的実体として育成され，態度や行動様式につながっていくことで，中長期的に見れば国際社会における国家間の関係性はかなり質的な変容が期待されるだろう。これは，国連の「グローバル教育第一イニシアティブ」（2012年）に端を発してユネスコが「地球市民教育」（GCED: Global Citizenship Education）をESDと並ぶ基幹教育プログラムとして協力に推進している大きな理由である。

　ユネスコが作成した地球市民教育（GCED）の学習課題チャートでは，主体としての学習者の変容を促す学習活動の領域として「認知的領域」「社会・情動的領域」「行動的領域」の3領域が挙げられている。これを学習者のアイデンティティの問題に引き寄せて考えた場合，たとえば児童生徒が自分を「人類の一員である」と単に認識している，というだけでは不十分であり，そこに社会・情動的なコミットメントや行動変容が伴っていかなければならない，ということになる。この学習課題チャートには社会情動的領域の学習課題の一つとして「所属の感覚」（sense of belonging）の醸成が挙げられているが，たとえば「郷土愛」や「愛校心」「愛国心」のような感情的関与を含んだ全人的な関わり方がここでは求められていることがわかる。そして人類社会あるいは地球というものに対してこうした社会情動的コミットメントを含んだ帰属意識の覚醒が地球市民教育においては目指されているということになる（「宇宙船地球号」）。

第4節　ユネスコスクールと総合学習
　　　　―国連・ユネスコの価値教育ワークショップとしての総合学習

　こうして見てみると，総合学習とはグローバル時代に求められる新たな人間像を追求する学際的・教科横断的な学びの営みと捉えることができる。そしてそこで求められる新たな人間像とは，平和で持続可能な社会を実現するために地球市民的な地平でのアイデンティティを持ち，かつ多元的で多様な文化のあり方に対して開かれている共生能力をもった市民の姿として理解することもできるだろう。

　しかしこうした持続可能性，地球市民性，共生に代表される価値観は，国連とその専門機関であるユネスコがこれまで提唱し，推進してきたさまざまな価

値教育の理念と密接に連関し，また整合性のある概念でもある。とくにユネスコは私たちのマインドセットを変容させることによって「人の心の中に平和のとりでを築く」ことを目標に設立された機関であり，私たちの心のあり方の変容をめざしたさまざまな価値教育を展開してきた。それは1950年代に提唱された国際理解教育（Education for International Understanding）に始まり，人権教育，寛容の教育，平和の文化，文明間の対話，文化多様性の尊重，持続可能な開発のための教育（ESD），地球市民教育（GCED），文化の和解など多岐にわたる。

　これら一連の価値教育の理念は，SDGsの目標4「質の高い教育をみんなに」につけられたターゲット7（SDGs4.7）に列挙されており，2030年に向けた人類社会の開発目標が，これらの価値教育の理念をふまえて提唱されていることを物語っている。これらの価値教育プログラムはそれが提唱された時代状況や期待される学習効果，学校教育への導入のされ方等も異なるので必ずしも一括して扱うことはできないが，しかしいずれも人類社会のニーズに対応した普遍的な価値を表明しており，総合学習で目指されている新しい人間像とも整合性をもった理念である。したがって新たな人間像を展望する総合学習の時間において，こうしたユネスコの価値教育の諸理念を指導目標として重視し，カリキュラムに取り入れていくことは，日本の学校教育がもつグローバル人材育成の任務をより効果的かつ幅広く果たしてゆくためにも必要な取り組みであると思われる。

　その際，国連やユネスコの提唱する価値教育が重要なのはそれが普遍的な価値を表明しているからだと説明される。しかし，ここで言われている「普遍性」には二つの意味合いが含まれていることに注意しておく必要がある。一つ目は，それが人種，民族，国家，性別，宗教，政治的立場，社会階層，世代等の属性の違いを超えて，全人類すべての人間に当てはまり，またすべての人が追求すべき価値であるという意味での普遍性である。もう一つは，これらの価値が目指しているのは「すべての人」の幸福や福祉・安寧（well-being）の実現であり，そこで落ちこぼれたり，取り残されたりする人があってはならないという意味での普遍性である。この後者の意味での普遍性については，国連SDGsの基本精神として"No one will be left behind"（「誰一人取り残さない」）という標語が掲げられていることからもその姿勢は明瞭である。

　これは国連やユネスコが基本的に共生型のグローバル人材育成を志向してい

ることとも符合しているわけであるが，問題なのは現実に存在する格差や弱者の福祉や「生きがい」をどう保障していくかという課題である。人権思想の発展，福祉政策の拡充，国連のイニシアティブなどもあって，社会全体の時代精神として「共生」を重視する傾向は強まってきているが，その反面，国内外ともに専門キャリアをめぐる競争は熾烈を極めており，そこでは必然的に「勝者」と「敗者」が生み出される現実がある。

　また日本の学校現場で文部科学省や地方自治体のさまざまな施策にもかかわらず不登校児童生徒数は減少せず，むしろ増加傾向にある。いじめや虐待の問題が一層陰湿の度合いを強めなかなか解決の方途が見えないこと，さらに特別支援教育の取り組みや外国人児童受け入れ政策等の努力にもかかわらず，発達障害をもつ児童生徒や外国とつながる児童生徒にとって日本の学校現場が必ずしも居心地のよい環境ではないことなども，いわゆる「弱者」への学校教育の対応が十分行われているとはいえない現状を裏書きしている。

　不登校やいじめ，また発達に課題のある児童生徒への支援については，主として教育政策的な視点，および心理臨床的な視点から議論や取り組みが行われてきた。しかし不登校にしても，いじめにしても，あるいは発達障害児の疎外状況にしても，そこでは被害を受けている児童生徒がいる一方で，加害者もまた児童生徒であることを見落とすことはできない。つまり教育者や政策担当者，また当然のことながら，社会全体がこうした学校臨床的な諸問題に対して解決策を打ち出し，学校環境の改善に取り組まなければならない。さらに，なによりも「当事者」である児童生徒自身のあり方，態度，価値観，行動様式が変容しない限り，問題の根本解決は見込めないという事実を「当事者」の児童生徒自身に示していく必要がある。

　また，総合学習が新たな人間像を探究する学びのプロセスである以上，総合学習の時間においてこそ，学校現場で生じているさまざまな疎外状況，学校に居場所を見つけられない児童生徒が少なからずいる現実に当の児童生徒の目を向けさせなければならない。

　そして「誰一人取り残さない」学校，つまり普

ユネスコ「地球市民教育」（GCED）のロゴ

（出典　UNESCO）

遍性のある学校を実現していくにはどうしたらよいかを学習課題として考えさせると同時に，児童生徒の行動変容に導いていく取り組みが必要であると思われるのである。

「誰一人取り残さない学校」をいかに実現するかという問題を総合学習のテーマとしていくことは，グローバル社会における普遍性を保障していく意味でも，今後に向けた不可欠の課題である。

第5節　不確実性の時代に向けた総合学習の展望と課題

　グローバル化と価値多元化に伴う現代社会における人間像のパラダイム転換と関連して，不確実性の時代に向けた対応能力の育成が総合学習における重要な課題として浮上してくる。近年の大きな社会変動の結果として，長年日本社会の常識とされてきた終身雇用制度や年功序列のシステムは崩れ，雇用環境は不安定で多様なものへと変貌してきている。長年市民社会を支える基盤と考えられてきた家族形態についても，晩婚化，非婚化，離婚率の上昇，ひとり親世帯の増加などの諸要因によって古典的な家族像は相対化され，家族という人間関係のあり方そのものが見直される時代状況になってきた。

　こうした社会変動とも連動して，学校環境についても不登校児童生徒数の増加や外国とつながる児童生徒数の増加による学校の多文化化，学童保育の設置やスクールソーシャルワーカーの導入など教育行政と福祉行政との連携の密接化などによって，学校という「場」のもつ意味がこれまでとは異なるものへと変容を遂げつつある。このように私たちの人生に深く関わるどの生活領域においても流動化と多様化が進んだことでこれまでの図式や常識が通用しない不確実性が社会全体を覆う時代に入ったというのが多くの識者の見解である。

　このような不確実性の時代の到来は，当然そこで生きる私たちの人生設計にも根本的な見直しを迫るようになってきた。気候変動と関連した自然災害の激甚化や今般の新型コロナウイルス感染問題で痛感された疫病がもたらす保健や雇用の危機，そして対立や分断に彩られた国際情勢の不安定化がそれに拍車をかけている。それは同時に，社会全体においても個人の人生においても先の見通せない不確実な状況の中でどのように生き延びていくか，打たれ強い生きる力ともいえる「レジリエンス」をどう高めていくか，ということが総合学習に

おける重要な課題になったということを意味する。災害，疫病，国際情勢の危機などについての情報をどれだけ迅速かつ正確に収集し，どれだけ的確に対処できるかというリスク・マネジメント（危機対応能力）を含んだこうしたレジリエンス（回復力）の問題は，今後，総合学習において一層その重要性を増していくに違いない。

　不確実性の時代の到来は，総合学習の指導に関して，二つの大きな変化をもたらしていくだろうと予想される。一つは，指導目標としてこれまで以上に学習者である児童生徒の総合的な「人間力」の育成に焦点が当てられるようになっていくだろうということである。もともと総合学習は教科教育の枠を超えた学際的で教科横断的な学びに大きな特色があるわけであるが，その中でもとくに，答えが見えない状況，あるいは答えが一つに定まらない状況において自らのポートフォリオの中にある知識，認識，経験等をフルに活用して可能な限りの最善解を創出していく力が個人としても社会全体としても求められるようになった。現代社会が直面しているそうした状況で，広い意味での構想力の醸成が総合学習において問われていくようになるだろう。矛盾した状況の中から最善の決断を見出そうとする思考訓練でもある道徳教育で使われる「モラルジレンマ」授業の手法は，不確実な状況の中での生きる力を高めていくために有効活用ができる方法論の一つであると考えられる。

　もう一つの変化は，これまで以上に児童生徒自身の内面，心のあり方に視点を当てた学びのプロセスに関心が向けられ，指導の対象となっていくだろうということである。これまでの常識や価値観の枠が頼れなくなった不確実性の時代によりよく生きていく（あるいは生き延びていく）ためには，認知的領域，社会情動的領域，行動的領域のすべてにわたる総合的で全人的な人間力の育成が必要になるが，そこでは社会に関する学びや自然に関する学びと同時に，「自分についての学び」も重要な学習活動になるはずである。先述のリスクマネジメント（危機対応能力）についても，自然，社会，人間関係を含む「外の世界」への知識と同時に，危機に直面した自分自身の態度や心のあり方といった「内なる世界」への知識や洞察も同時に必要となる。人間関係の調整能力やストレスマネジメントも含めて，これまでは総合的な学習の時間において必ずしも重視されてこなかった「心のあり方」に関する学びや実践は，自らの感情に焦点を当てたEQ（こころの知能指数）や失敗や疎外状況，トラウマからの「回復力」としてのレジリエンスなどとともに，広い意味での心理教育として，これから

の時代の総合学習へのより意識的かつ体系的な導入が必要となる学びの視座であると思われるのである。

第6節　おわりに

　いつの時代にも，どの国・地域においても教育は人間社会の世代間継承の最も重要な営みである。とくに知識が劇的に増大し，社会の複雑化と細分化が進んだ近代社会では，公教育としての学校教育が世代間継承に決定的な役割を果たすようになった。そこでは，人間，社会，自然に関する認知的で教科の枠組みに依拠した学びが主体となって学校教育が展開されてきたといってよい。

　しかし日本では経済成長が頭打ちになると同時に少子高齢化によって人口減少社会に転じ，人々は国の未来についてこれまでとは異なる見方をせざるをえなくなった。世界規模で見れば，気候変動や環境破壊によって地球という自然環境の持続可能性に疑問符がつけられるようになった。国際関係についても世界が対立と分断に翻弄される中，核戦争をはじめとする大規模紛争の脅威は人類社会の持続可能性を危機にさらしている。このように国内外ともに人間社会がこれまでの成長モデルでは立ち行かなくなり，持続可能性という新たな価値基準をめぐって根本的なパラダイム転換を迎えている現代，単に認知的学習だけでなく，社会・情動的側面や行動的側面もあわせて多角的，学際的にものごとを洞察し，社会や人間関係のあり方についてのこれまでにはなかったような新たな解，新たなモデルを創出していくことが強く求められている。総合的な学習とは，まさにこうした社会のパラダイム転換に真正面から立ち向かい，新しい価値を創出していく学びのプロセスであるということができる。

　こうした観点からこれからの時代に求められる総合学習のあり方を考える時，それは知識，技能，スキルに加え，持続可能な社会の形成に関わろうとする態度や価値観，さらには生き方までも含めた文字通り「全人的な」変容をめざした学習活動であることが必要であるとわかる。本書ではそうした全人的変容をめざす総合学習のあり方およびそのための指導法について，学習指導要領に記された新しい総合学習のビジョンをふまえての教育行政的視点（第2章），今日的ニーズに即応した教師像に焦点を当てた教師論的視点（第3章），環境教育および観光教育に立脚したアクティブ・ラーニングの視点（第4章），ESD

の課題をふまえた人材育成の視点（第5章），グローバル化に対応した多文化共生の視点（第6章），ユネスコスクール現場におけるSDGs教育実践の視点（第7章），それぞれから考察してきた。これらの論点はそれぞれが特定の専門領域での知見に基づいていながら，相互に密接に関連しあっており，全体として多様性と不確定性に彩られた新たな時代への人材育成にふさわしい総合学習のモデルを提示しているといえる。問題はこれらの各領域の論点をふまえながら，実際に学校現場でさまざまな属性や背景をもった児童生徒との対話の中で，どのように新たな人間像をイメージし，それを学習者一人ひとりの中に具現化していくかを考え抜く構想力である。

　本書が実際に総合学習の指導に当たっておられる，あるいはこれから携わることになる教育実践者の方々に，人間像のパラダイム転換に向けた新しい総合学習の展望を得るための一助になったのであれば幸いである。

課　題

1. 総合学習を学ぶ児童生徒は，今後さらにグローバル化が進む世界の中で，さまざまな国際対立の場に直面させられることが想定されます。国際間で価値観や意見が対立する諸問題（歴史問題，領土問題，宗教問題など）について，総合学習の時間ではどのような教え方をすることが望ましいと考えられますか。
2. 総合学習の時間において，児童生徒が自分とは異なる他者と共生していく力を育成していくための効果的なアクティブ・ラーニングの方法を考えなさい。
3. 指導者であるあなた自身が答えの見えていない問題を総合学習の授業教材として扱うことは可能でしょうか。もし可能だとしたら，そうした「答えの見えない問題」をどのように提示し，どのように扱うことが効果的だと考えられますか。

参考文献

荒木紀幸編著『考える道徳を創る―中学校 新モラルジレンマ教材と授業展開』明治図書出版，2017年

蟹江憲史監修『未来を変える目標―SDGsアイデアブック』紀伊國屋書店，2018年

ジョン・K・ガルブレイス著，斎藤精一郎訳『不確実性の時代』講談社，2009年

経済協力開発機構（OECD），ベネッセ教育総合研究所編『社会情動的スキル―学びに向かう力』明石書店，2018年

小林亮著『ユネスコスクール―地球市民教育の理念と実践』明石書店，2014年

田中治彦・杉村美紀編『多文化共生社会におけるESD・市民教育』ぎょうせい，2014年

溝上慎一著『アクティブラーニングと教授学習パラダイムの転換』東信堂，2014年

村田翼夫著『多文化社会に応える地球市民教育：日本・北米・ASEAN・EUのケース』ミネルヴァ書房，2016年

ユネスコ21世紀教育国際委員会著，天城勲訳『学習・秘められた宝—ユネスコ「21世紀教育国際委員会」報告書』ぎょうせい，1997年

索 引

執筆者および執筆分担

小林　亮（こばやし・まこと）編者，第1章，第8章
　　玉川大学教育学部教授

寺本　潔（てらもと・きよし）第4章，第5章
　　玉川大学教育学部教授

樋口雅夫（ひぐち・まさお）第2章，第3章
　　玉川大学教育学部教授

大谷千恵（おおたに・ちえ）第6章
　　玉川大学国際教育センター長，教育学部教授

小正和彦（こまさ・かずひこ）第7章
　　横浜市立みなとみらい本町小学校校長

教科指導法シリーズ

小学校指導法　総合学習

2021年1月30日　初版第1刷発行

編著者―――――小林　亮

発行者―――――小原芳明

発行所―――――玉川大学出版部
〒194-8610　東京都町田市玉川学園6-1-1
TEL 042-739-8935　FAX 042-739-8940
http://www.tamagawa-up.jp/
振替　00180-7-26665

装幀―――――――しまうまデザイン

印刷・製本―――株式会社クイックス

乱丁・落丁本はお取り替えいたします。
© Makoto Kobayashi 2021　Printed in Japan
ISBN978-4-472-40584-6 C3337/NDC375